교사용
아동 · 청소년
감정코칭

감정을 알면 답이 보인다

Louise Gilbert, Licette Gus,
Janet Rose 지음
최성애 옮김

Σ 시그마프레스

교사용 아동·청소년 감정코칭

발행일 | 2023년 5월 15일 1쇄 발행

지은이 | Louise Gilbert, Licette Gus, Janet Rose
옮긴이 | 최성애
발행인 | 강학경
발행처 | (주)시그마프레스
디자인 | 우주연, 김은경
편 집 | 이호선, 김은실, 윤원진
마케팅 | 문정현, 송치헌, 최성복, 김미래, 김성옥

등록번호 | 제10-2642호
주소 | 서울특별시 영등포구 양평로 22길 21 선유도코오롱디지털타워 A401~402호
전자우편 | sigma@spress.co.kr
홈페이지 | http://www.sigmapress.co.kr
전화 | (02)323-4845, (02)2062-5184~8
팩스 | (02)323-4197

ISBN | 979-11-6226-446-1

Emotion Coaching with Children and Young People
in Schools: Promoting Positive Behavior, Wellbeing and Resilience

First published in Great Britain in 2021 by Jessica Kingsley Publishers

An Hachette Company

Copyright © Louise Gilbert, Licette Gus and Janet Rose 2021

Illustration copyright © ECUK 2021

Foreword copyright © John Gottman, Ph.D. 2021

＊ 책값은 책 뒤표지에 있습니다.

영국 감정코칭 협회 길버트, 거스, 로즈 박사들이 쓴 이 책을 번역하게 되어 참으로 기쁩니다. 가트맨 박사님이 1998년에 *Raising an Emotionally Intelligent Child*(번역서 제목은 『내 아이를 위한 사랑의 기술』)라는 책을 쓴 이후로 세상이 많이 바뀌었습니다. 아이들은 더 많은 스트레스, 고립감, 우울, 불안, 공부에 대한 압박감을 느끼고, 놀 시간과 친구들은 줄었고, 부모님들은 더욱 자녀 양육에 어려움을 호소합니다.

한국도 아동청소년들의 정신건강과 행동문제가 심각해지기에 저는 2006년 한국에 처음으로 방송을 통해 감정코칭을 소개했고, 2010년 『내 아이를 위한 감정코칭』, 2012년 『청소년 감정코칭』, 2014년 『감정코치 K』 등 감정코칭과 관련된 책을 써왔습니다. 하지만 교사들이 현장에서 바로 적용할 수 있는 책이 필요하다고 생각해 오던 차에 가트맨 박사님을 통해 영국에서 이 저자들이 그동안 얼마나 성실하고 꾸준히 교사들에게 필요한 감정코칭 책을 준비해왔는지 잘 알고 있었기에 기꺼이 번역을 맡았습니다.

이 책은 교육 현장에서 도전적 상황이 벌어질 때 교사들이 어떻게 감정코칭으로 적절하고 적합한 지도를 할 수 있는지를 보여주는 실용적인 내용으로 엮어졌습니다.

영국뿐 아니라 미국, 한국, 중국 등 전 세계에서 지난 한 세기 동안 가장 보편적으로 사용되어온 학생 지도 방식은 '행동주의'에 기반합니다. 상과 벌로써 학생들의 '행동'을 통제하고 지도하려는 방법은 얼핏 간단하고 효과적인 것처럼 보이기에 교육학의 정석으로 여겨지고, 지금도 많은 유·초·중·고에서 관행적으로 사용됩니다. 하지만 학계에서는 행동주의 훈육방식에 대한 많은 의문과 문제점이 제기되어왔습니다. 또한 교사들도 칭찬이나 상벌만으로는 아동의 문제행동을 수정하기 어렵고 되레 학생과의 관계가 망가지는 역효과나 부작용을 종종 체험해 보았을 것입니다. 학생들의 학업성취도는 떨어지고, 학업 중단, 학교폭력, 중독, 심지어 자해, 자살까지 발생하는 요즘, 교사들이 무기력감에 빠지지 않고 학생과 함께 자기통제력과 관계조율 능력을 키울 수 있는 훌륭한 대안은 없을까요?

영국의 저자들은 이런 심각한 학교 상황에 감정코칭이라는 강력한 대안을 소개합니다. 단순한 이론이 아니라 현장에서 다양한 연령대와 학년, 상황 등에 감정코칭이 얼마나 아이의 신뢰를 얻고, 이해와 존중 속에 자신과 타인의 감정에 대한 이해와 적절한 행동으로 이어질 수 있는지를 구체적인 사례로 제시합니다.

인간은 거울 뉴런을 통해 어릴 때부터 사회화와 협동 능력을 키울 수 있고 도전적 상황에 함께 더 잘 적응하고, 생존해온 사회적 존재입니다. 따라서 이 책의 핵심은 간단합니다. 아이들은 '관계' 속에 성장한다는 것이며, 공감과 이해를 받음으로써 감정이 차분해져야 호기심, 즐거움, 학습 동기가 높아진다는 것입니다. 즉 학습지능과 사회지능은 정서지능이 선행되어야 발달할 수 있다는 뜻이지요. 아이들에게 읽기와 쓰기, 셈하기를 가르쳐주듯 교사와 부모님은 아이들이 감정적 자기조절력을 본받고 배울 수 있도록 몸소 보여줘야 합니다. 아이들의 공감력은 공감을 받아보고, 자기조절을 하는 어른들의 모습을 보며 자연스럽게 습득되기 때문입니다. 감정코칭을 받은 아이들은 자기 감정을 알고 타인의 감정을 이해하고 존중하면서 좀 더 바람직한 행동을 선택함으로써 건강, 학업, 직업, 관계적 행복 등 평생에 걸친 삶의 질에 긍정적 효과를 얻는다는 것이 가트맨 박사님의 장기 연구로 입증되기도 했습니다.

이 책은 감정코칭을 통해 아이들에게 감정적 자기조절력을 키워주려면 먼저 아이와 긍정적인 관계를 구축해야 하며, 아이들의 강한 감정적 상황이 감정코칭을 하기 적합한 절호의 기회임을 알려주는 중요한 메시지를 교사와 실무자의 관점에서 설득력 있게 알려주고 있습니다.

궁극적으로 감정코칭을 도입한 교사, 학교, 학부모, 지역사회 공동체는 공감력과 소통 능력을 통해 보다 건강하고 행복한 아이들을 키워줄 수 있고 더 평화롭고 지혜로운 미래를 기대할 수 있는 희망을 줍니다.

이 책을 번역하면서 내내 들었던 생각은 '감정코칭을 해 주는 선생님들이 계시는 학창시절로 다시 돌아갈 수 있다면 얼마나 많은 사람이 좀 더 일찍 자신을 보다 가치 있고, 소중하며, 행복하고, 유능한 존재로서 인식하고 더 평화롭고 연결된 세상을 만들어나갈까?'이었습니다. 지금이라도 이 책이 아동·청소년과 관련된 일에 종사하시는 모든 분, 특히 선생님들과 부모님이 성취감, 자부심, 그리고 행복감을 얻는 데 큰 도움이 되리라고 확신합니다.

끝으로 이렇게 좋은 책을 번역할 기회를 주시고 영문 원서를 한국 독자들에게 충실히 전달할 수 있도록 여러 번 수정작업을 할 수 있는 충분한 시간을 주신 ㈜시그마프레스 사장님과 편집부 모든 분께 감사드립니다.

최성애

미국 시카고대학교 인간발달학 박사

(사)감정코칭협회 초대 회장

현 HD행복연구소 소장

좋은 책의 서문을 쓰게 되어 기쁩니다. 이 책은 아동·청소년들에게 도움을 줄 뿐만 아니라 그들을 돌보는 어른들도 훨씬 더 만족스러운 삶을 살고 장수하는 데 도움을 주기 때문입니다.

사실 세계의 많은 아동·청소년들이 외롭고 지지받지 못한다고 느끼며, 어른들의 줄기찬 기대와 실망, 비판에 직면합니다. 흔히 아이들은 자신이나 자신이 살고 있는 세상을 아무도 이해하지 못한다고 느낍니다. 또한 아이들은 자기 삶에 어떠한 영향도 미칠 수 없다는 무력감을 느끼기도 합니다. 아이들이 이 세상을 만들지도 않았는데 어른들이 만든 세상에 적응해야 하고 그 안에 있게 해준 우리 어른들에게 감사해야 한다는 기대를 받습니다.

감정적 순간은 아이의 세계를 이해하는 데 필요한 기회의 창을 제공함으로써 아이와 강한 유대감을 가질 수 있게 합니다. 부모님들에게 강연을 해보면, 그들은 흔히 자녀들에게 무엇을 말해야(tell) 하는지 알고 싶어 합니다. 하지만 저는 부모님들께 아이들의 말을 들어야(listen) 한다고 강조합니다. 놀랍게도 부모님들은 듣는다는 것을 정확히 어떻게 달성할 수 있는지 알고 싶어 합니다. 감정코칭은 아이들의 말을 성공적으로 경청하게 해주는 방법이죠.

강연에서 저는 청중에게 어린 시절 아이로서 실제 어떤 기분이었는지 기억하는 사람이 있는지 묻곤 합니다. 일부만 손이 올라갑니다. 손 든 사람들에게 자신을 좋아하고, 사랑하고, 지지하고, 귀 기울여 준 어른과 소통한 적이 있었는지 물어봅니다. 그러면 손을 든 사람들이 얼마 남지 않습니다. 그다음 그 어른들에 대한 이야기를 그룹에게 들려 달라고 요청합니다. 그들이 나누는 이야기는 한결같이 감동적이며, 이 희귀한 어른들에 대해 감사의 눈물을 흘리며 이야기합니다. 그들이 들려주는 이야기들은 자신의 어린 시절 삶에서 강력하고 드문 순간들이었습니다. 그러나 한 아이와의 이러한 정서적 유대는 이렇게 드물어서는 안 됩니다. 부모와 교사가 감정코칭을 배우고, 경청하고, 공감하고, 또한 잘못된 행동에 공정한 한계를 설정하는 법을 배우고, 이런 수용적 맥락에서 아이와 함께 문제 해결법을 배울수만 있다면 아이와 동맹관계, 즉 한편이 될 수 있습니다.

감정코칭은 미국은 우리 연구실, 호주는 소피 하비허스트(Sophie Havighurst), 한국은 최성애(Christina Choi) 박사, 그리고 현재 영국의 성실한 작가들에 의해 매우 효과적임을 과학적으로 입증받고 있습니다. 지구상의 모든 곳에서 아이들은 그들의 삶에서 중요한 어른들로부터 보살핌을 받아야 합니다. 아이들은 이해받고 정서적으로 연결되기를 갈망합니다. 놀랍게도 전 세계의 아이들은 ㅡ 매우 중요한 면에서 ㅡ 정말 거의 다 같습니다.

아이들은 어른들과의 관계를 갈망할 뿐만 아니라 이 책에서 알 수 있듯이 어른들과의 유대감으로 엄청난 혜택을 얻기도 합니다. 감정코칭은 아이들이 자신의 감정을 신뢰하도록 가르쳐줍니다. 감정코칭을 받은 아이들은 감정이 자기 인생의 GPS(위성위치확인시스템)임을 배웁니다. 그들은 화났을 때 좌절된 목표가 있음을 알게 됩니다. 슬픔을 느낄 때는 자기 삶에서 중요한 것을 잃었음을 알게 됩니다. 두려울 때 안전함을 만들 줄도 알게됩니다. 그들은 자신의 감정에 귀를 기울이는 법을 배웁니다. 개빈 더베커(Gavin de Becker)의 책 『서늘한 신호(The Gift of Fear)』는 자신의 두려움에 귀 기울이는 것이 안전을 유지하는 유일한 방법임을 극적으로 보여줍니다. 총을 소지하거나 무술을 배운다고 안전해지는 것은 아닙니다. 안전감은 자연스러운 직관을 따를 때 생깁니다. 자신의 모든 감정에 귀를 기울이고 신뢰한다면 직업이나, 관계나, 처해 있는 장소가 자신에게 맞는지 아닌지를 알 수 있습니다. 우리는 자신의 감정을 일종의 삶의 나침반으로 여기고 행동할 수 있습니다. 감정코칭은 우리에게 개인적 변화를 일어나게 합니다.

감정코칭은 또한 다른 사람들과의 관계를 변화시킵니다. 이 강력한 책의 저자들은 감정코칭으로 함께-조절(co-regulation)을 통해 아이들이 자기-조절(self-regulation)을 할 수 있도록 가르쳐줍니다. 자기-조절 능력은 실제로 뇌와 전체 말초 신경계—특히 그중 가장 강력한 미주신경계—를 물리적으로 변화시킵니다. 자기-조절력은 아이들이 더 쉽게 주의를 집중하고, 일상적인 스트레스에 맞서 회복탄력성을 발휘하고, 스스로를 진정시키고, 건강을 유지하고, 자신의 잠재력을 최대한 발휘할 수 있게 해줍니다. 또한 아이들에게 **정서지능**을 키워주는데, 이는 다른 아이들과의 사회적 기술에 평생에 걸쳐 지대한 영향을 미칩니다. 그들은 자신의 감정에 귀 기울이는 법만 배우는 것이 아닙니다. 그들은 좋은 친구가 되고 다른 사람들과 튼튼한 관계를 발전시키는 기술을 발달시킵니다. 감정코칭은 또한 감정코칭을 실천하는 어른들을 변화시킵니다. 감정은 회색의 희미한 세상을 생동감 있고 극적인 총천연색이 존재하는 세상으로 변화시키기 때문에 그들이 상상을 초월하는 방식으로 세상을 열어줍니다.

이를 증명하는 증거(데이터)는 매우 명확합니다. 아이와 어른에게 감정코칭의 이점은 엄청납니다. 따라서 감정코칭은 모든 어른들이 활용할 수 있는 기술 세트(skill set)가 되어야 합니다. 어른과 아이 모두에게 많은 이점이 있기 때문만이 아니라 실천하는 것이 너무 재미있고 서로를 더 잘 사랑할 수 있는 방법을 제공하기 때문에 모든 어른의 기술 세트의 일부가 될 필요가 있다고 주장합니다. 다른 사람에게 더 많은 사랑을 베풀기 위해 감정 코칭을 배워보세요. 그러면 당신도 더 많은 사랑을 받을 것입니다.

존 가트맨(John Gottman)

오르카스 아일랜드, 워싱턴주

우리의 연구는 감정코칭이 어떻게 성공적으로 교육 환경과 지역 사회에서 아이의 행동 조절을 도와주는 새로운 접근 방식으로 도입될 수 있었는지에 대하여 간단하지만 강력한 이야기를 말해줍니다(Gilbert, 2018; Gus et al., 2017; Rose, McGuire-Snieckus and Gilbert, 2015). 우리의 연구를 포함한 감정코칭에 대한 모든 연구에 따르면 감정코칭은 교육환경에 사용하기 적합한 신뢰할 수 있고 증거에 입각한 접근 방식입니다.

회복탄력성과 웰빙은 더 나은 건강상태, 기대수명, 교육 성과, 더 건강한 생활 방식에 대한 참여, 직장에서의 생산성 및 더 건강한 사회적 관계와 직결됩니다. 역사적으로 웰빙, 회복탄력성 등은 교육적 달성 목표가 아니었습니다. 하지만 이제는 성공적인 교육의 필수 요소로 인식되고 있습니다 (Durlak et al., 2011; Feinstein, 2015). 연구에 따르면 감정 조절력은 학습, 주의력, 기억력, 의사 결정 및 사회적 기능에 필수적인 사회정서 지능에 지대한 영향을 미칩니다(Goleman, 2007; Gross, 2015; Shonkoff and Garner, 2012). 실제로 이모르디노-양(Immordino-Yang)과 다마지오(Damasio 2007)는 "신경생물학적 증거들은 우리가 학교에서 가장 많이 동원하는 인지 측면인 학습, 주의력, 기억력, 의사결정, 그리고 사회적 기능은 모두 감정 과정에 의해 크게 영향을 받으며 그 과정 속에 포함됨을 알려준다"고 합니다.

따라서 미래 사회의 주역이 될 오늘날의 아이들이 "우리 모두 감정을 가지고 있으며 이는 자연스럽고 정상적(natural and normal)이다"라는 사실을 이해하는 기술과 지식을 가지는 것이 매우 중요합니다. 그들은 자신과 타인의 감정을 알아차리고, 그렇게 함으로써 문제를 해결하고 다른 사람과 관계를 맺기 위해 감정을 보다 효과적으로 관리할 필요가 있습니다.

감정코칭은 아이들에게 평생 학습에 참여를 방해받지 않도록 도와주는 감정 조절 기술을 키워 나가게 해줍니다. '감정코칭'이라는 용어는 처음에 미국 심리학자 존 가트맨 박사와 그의 동료들(Gottman, Katz and Hooven, 1997)이 여러 가족을 연구하면서 관찰한 자연스러운 양육 전략을 설명하기 위해 만들었습니다. 가트맨 박사는 감정코칭을 사용한 부모의 자녀가 더 건강하고, 긍정적인 사회적 관계를 가지며, 학업 성취도가 더 높고, 회복탄력성도 더 높다는 것을 확인했습니다.

이 책은 아이와 청소년이 더 나은 자기-조절력을 개발하고 행동을 개선하며 웰빙과 회복탄력성의 향상을 지원하기 위한 증거 기반 접근과 기술인 감정코칭에 대한 실용적인 가이드를 제공합니다. 감정코칭은 영국 전역과 그 외 지역에서 교육과 커뮤니티 환경(가정을 포함)에서 널리 사용되어왔습니다. 감정코칭은 교육자들에게 아이와 청소년이 자신의 감정과 행동을 조절할 수 있도록 돕는 접근 가능한 도구와 틀을 제공합니다. 이 책의 두 가지 핵심 메시지는 "관계가 중요하다"와 "감정이 학습에 중요하다"입니다.

제1장은 교사들이 교실에서 감정코칭을 사용하는 것을 정당화할 수 있는 명확한 근거를 제공합니다. 감정은 보편적이며 모든 행동에 영향을 미친다는 개념을 소개합니다. 행동 반응이 어떻게 발생하고 우리의 웰빙과 회복탄력성에 어떻게 영향을 미치는지를 알려주는 일부 최근 연구에 대한 간략한 개요가 있습니다. 제1장은 아이의 자기-조절 능력을 지원하는 것으로 여겨지는 감정코칭의 과정에 초점을 맞춥니다.

제2장에서는 양육유형으로서의 감정코칭의 기원을 추적하고 가트맨 박사와 그의 동료들이 확인한 감정코칭을 구성하는 다양한 과정을 간략하게 설명합니다. 그런 다음 우리의 연구를 기반으로 이 프로세스를 식별 가능한 4단계로 변환하는 방법을 설명합니다. 어른들이 아이들의 행동과 감정의 세계에 접근하는 다양한 방식을 고려하고 학교에서 행동을 관리하는 데 사용되는 전통적인 기법을 보다 관계적 기반의 감정코칭 접근 방식과 비교합니다.

제3장에서는 감정코칭을 실행하는 방법을 구체적으로 설명합니다. 우리의 연구에 의해 규명된 감정코칭 4단계를 각각 깊이 있게 탐구합니다. 각 장에서와 마찬가지로, 각 단계의 복잡성과 복합성을 ECUK(역자 주 : 영국 감정코칭 협회)의 실습 트레이너와 우리 연구의 다양한 적용 사례들을 통해 설명합니다.

제4장에서는 실전에 적용하는 방법에 영향을 미칠 수 있는 다양한 측면을 강조하여 어른들이 감정코칭을 보다 효과적으로 사용할 수 있는 방법을 살펴봅니다. 이것은 어른 자신의 감정에 대한 알아차림, 한 아이가 가지고 있는 감정에 대한 어른의 알아차림과 수용, 그리고 그 감정에 대해 아이를 지도하는 방법을 아우르는 초감정 철학의 개념 탐구로 시작합니다. 또한 감정코칭을 언제 어떻게 사용해야 하는지에 대한 여러 가지 유용한 정보를 제공합니다.

제5장에서는 감정코칭의 실제 사용을 계획하고 평가하는 데 도움이 될 수 있는 실용적인 틀(프레임워크)을 소개합니다. 감정코칭의 실습 채택, 적응, 유지를 위해 아이와 함께 작업할 때 사용할 참여 모델 및 사용 범위를 설명합니다.

마지막 장은 감정코칭 사용을 보완하는 다양한 지원 전략을 제공합니다. 실제로 감정코칭과 함께 성공적으로 사용되었던 연구 및 교사 피드백에서 시도되고 검증된 전략을 제공합니다.

이 책은 주로 교육 실무자*를 대상으로 쓰여졌지만, 감정코칭은 원래 양육 방식으로 시작되었으며 이 책에 참여하고 기여한 교사 중 상당수는 부모나 양육자입니다. 따라서 이 책의 내용 중 많은 부분이 가정에서 활용하기에도 적합하며 따라서 종종 부모와 양육자의 예를 사용했습니다. 어른과 아이의 익명성을 보호하기 위해 모든 이름과 일부 문맥의 세부 정보를 변경했습니다. 마지막으로, 단순화를 위해 '아이들(children)'이라는 용어를 아이와 청소년 모두를 나타내는 데 사용했습니다.

---

* 역자 주 : 이 책의 주요 독자는 주로 학교현장의 교사여서 'practitioner'를 교사 또는 실무자로 번역했음을 알려드립니다.

차례

3 감정코칭 방법

4 감정코칭의 효과적인 사용

5 일상생활에 감정코칭 적용하기

6 지원 전략

CHAPTER 01

감정코칭은 왜 필요할까요?

감정코칭(emotion coaching)은 감정에 관한 모든 것이며 감정코칭을 사용하면 아이들뿐 아니라 어른들과의 일상적인 상호작용에도 도움이 될 수 있습니다. 감정코칭은 도전적인 행동을 포함한 다른 사람들의 감정을 다루는 보편적이고 지지적이며 권한을 부여하는 실천방법이 될 수 있습니다. 이 장에서는 우리가 감정을 느끼는 이유와 감정이 하는 일, 어떻게 감정이 우리의 생각과 행동을 알려주는지, 그리고 우리가 다른 사람들과 보다 효과적으로 의사소통하기 위해 어떻게 감정을 조절하고 관리하는지 알려드리겠습니다.

우리는 인간이 사회적 존재이기에, 타인과 소통하고 사회적으로 어울리기를 원할 뿐 아니라 실제로 필요로 한다는 것을 압니다. 아이들의 행동은 경험, 환경, 어른과의 관계 사이의 지속적인 상호작용을 반영하며, 나이가 들면서 행동도 변해갑니다. 이 장에서는 관계, 경험, 환경이 우리의 행동과 의사소통 방식에 어떻게 영향을 미치는지 알려드리고, 아이들에게서 볼 수 있는 흔한 행동 패턴과의 연결고리를 보여드릴 것입니다.

두뇌, 신체 및 행동

감정코칭을 하기 위해 뇌 과학자가 될 필요는 없지만, 우리의 뇌와 신체가 어떻게 함께 작동하여 감정을 생성하고 반응하는지를 조금 알면 정말 도움이 됩니다. 전형적인 뇌를 생각해보면 구조와 기능은 비교적 예측 가능한 발달적 변화를 겪는데 감정, 생각, 행동 반응을 조절하는 능력은 왜 그렇게 차이가 날까요?

이 질문에 답하고 아이들의 행동을 더 잘 이해하려면 전형적인 뇌의 기본 구조, 뇌가 어떻게 기능하고 자라며 어떻게 발달하는지 알아야 합니다. 우리의 생명을 유지하는 두 가지 중요한 체계가 있습니다. 하나는 '보호적인' 행동 적응을 통해 생존을 유도하는 스트레스 반응 체계이고 또 하나는 타인과 의사소통하고 협력하여 생존을 지원하는 창의적이고 '연결된' 사회 체계입니다. 이 두 체계는 함께 작동하여 생존과 웰빙을 지원하는 감정과 행동 반응을 관리합니다.

이 장에서는 이 두 통합 체계가 어떻게 대인 관계와 환경적 맥락에 의해 지속적으로 영향을 받는지를 설명합니다. 그리고 왜 어떤 사람들은 그저 생존하기에 급급하고 어떤 사람들은 번영하는지를 설명합니다. 감정코칭은 감정 조절을 지원하고 친사회적 행동을 촉진하도록 뇌와 신체에 대항하는 것이 아니라 함께 작동한다고 볼 수 있습니다.

뇌냐 정신(마인드)이냐?

뇌와 정신(마인드)이라는 단어는 종종 같은 의미로 사용되지만 차이점을 알면 두뇌, 감정, 행동을 볼 때 도움이 됩니다.

뇌(brains)는 평균 1.5kg 무게의 신체 기관이며, 혈관과 신경세포로 이루어져 있습니다. 호두 모양과 비슷하며 호두처럼 오른쪽 반구와 왼쪽 반구로 알려진 두 개의 반쪽이 있습니다. 두개골로 보호되는 뇌는 신체의 움직임, 감정, 기능(예 : 호흡, 소화, 시각)을 조절합니다. 뇌는 생명유지를 위해 자신의 몸, 환경, 그리고 다른 사람들로부터 정보가 지속적으로 처리되고 사용되는 곳입니다. 나이가 들면서 뇌의 구조와 기능에 전형적이고 식별 가능한 발달적 변화가 있습니다. 실제로 이제는 우리의 뇌가 20대 중반에서 후반이 될 때까지 완전히 성숙하지 않다는 것이 알려졌습니다.

우리의 정신(mind)은 뇌와 밀접하게 관련되어 있지만 눈에 보이지 않습니다. 정신은 개인의 양심, 이해 및 사고 과정을 포함하며 모든 신체 시스템에 엄청난 영향력을 가지고 있습니다. 마인드는 뇌의 발달 단계, 경험, 환경, 다른 사람들과의 관계, 삶의 축적된 경험과 상호작용에 대한 해석의 조합을 반영합니다. 마인드는 우리의 행동에 영향을 미치는 생각, 감정, 기억, 신념을 구축(창조)하고 또한 그것들에 의해 구축됩니다.

최근 연구에 따르면 뇌(마인드도 마찬가지), 경험, 관계 및 환경 사이에는 상호적이고 쌍방적인 관계가 있다고 합니다(Porges, 2015; Siegel, 2012). 이것은 뇌/마인드가 경험, 환경, 다른 사람에 대한 행동 반응에 영향을 미칠 뿐만 아니라 이러한 경험, 관계, 환경 자체가 이후의 뇌 발달과 구성에 영향을 미칠 수 있음을 의미합니다. 이는 특히 자라고 학습하는 어린 시절에 관계, 경험 및 환경을 증진하는 데 초점을 맞추는 것이 왜 그토록 중요한지를 시사합니다. 다음 단락에서는 뇌의 구성부분을 설명합니다. 과학적 진보와 함께 뇌의 구조와 기능에 대한 지식과 이해도 계속 달라진다는 것을 기억하시기 바랍니다.

학습하는 뇌란 무엇일까요?

아이들과 함께 작업할 때, 우리는 아이들에게 흥미롭고 보람 있는 관계, 경험, 환경을 제공할 수 있도록 '아이들이 어떻게 자극받는지'를 이해하고자 합니다. 우리는 아이들이 다른 사람들과의 관계, 경험, 그리고 성장 환경에서 배운다는 것을 알고 있습니다. 그들은 또한 유전적 대물림의 영향도 받습니다. 두뇌와 마인드를 구축하는 데 도움이 되는 것은 이러한 조합과 관계, 경험, 환경의 질입니다. 따라서 전형적인 두뇌가 어떻게 성장하고 어떤 관계, 경험, 환경이 발달에 영향을 미치는지를 알면 감정코칭이 왜 아이들의 학습과 행동을 지지하는 유용한 전략인지 이해하는 데 도움이 될 수 있습니다.

달리 말씀드리자면 정비사에게 차를 맡길 때를 생각해 보십시오. 일상적인 서비스를 위한 것인지 아니면 제 기능을 하지 않는 것이 걱정스럽기 때문인지도 생각해 보십시오. 당신은 정비사가 최소한 엔진을 작동하게 하는 기본 사항, 즉 엔진의 부품, 작동 방식, 여러 가지 노후된 엔진에 대한 성능 기대치 등을 알고 있다고 예상합니다. 또한 정비사가 엔진 성능을 유지하는 방법을 알고, 성능 저하의 일반적인 원인을 식별할 수 있으며, 자동차 관리에 도움이 되는 조언을 해줄 거라고 기대합니다.

아이들과 함께 작업할 때 우리도 아이들의 학습 '엔진'(뇌)이 어떻게 작동하는지 알아야 합니다. 뇌의 여러 다른 부분, 이 부분들이 함께 작동하는 방식, 뇌의 연령대에 따라 기대할 수 있는 것, 시간이 지남에 따라 뇌의 성능이 어떻게 발달하는지에 대해 어느 정도 인식할 필요가 있습니다. 어른으로서 우리는 아이에게 도움이 필요할 수 있음을 시사하는 일반적인 징후와 뇌의 성능을 최적으로 키워줄 수 있는 방법이나 전략을 알고 있어야 합니다.

하지만 동네 정비소의 정비사가 경주용 자동차 전문가일 것이라고 기대하지 않는 것처럼 당신을 두뇌 전문가일 것이라 기대하지는 않습니다. 그러나 뇌의 일반적 기능을 충분히 이해한다면 아이와의 작업에 감정코칭 같은 전략이 당신의 노력과 아이와의 관계를 지원하는 데 도움이 되는 이유를 이해할 수 있을 것입니다.

이제 뇌의 주요 부분들과 전형적인 뇌의 기능, 그리고 우리가 성장하고 학습할 때 뇌와 마인드에 어떤 일이 일어나는지 간단히 살펴보겠습니다. 시작에 앞서 아이들의 감정과 행동을 이해하는 데 도움이 될 만한 뇌의 몇 가지 주요 측면만을 강조하고 있다는 점에 유의하시길 바랍니다. 과학자들은 뇌와 신체가 함께 작동하는 방식에 대한 이해를 계속 발전시키고 있으며, 따라서 우리 모두 현재 알려진 바를 해석하는 데 신중할 필요가 있습니다.

뇌는 개인마다 약간씩 다르지만 일반적인 뇌는 그림 1.1과 1.2에서 볼 수 있는 식별 가능한 구조를 가지고 있습니다. 뇌는 두 개의 반쪽 또는 반구로 구성됩니다. 이 반구의 각각은 4개의 엽(lobes)으로 나뉘며 각 엽은 다시 전문화되지만 배타적이지는 않은 기능의 영역으로 나뉠 수 있습니다. 즉 엽은 구분할 수 있는 전용 기능을 가지고 있지만 서로 배타적이지 않고 함께 작동한다고 합니다. 두 반구는 또한 다리 역할을 하는 뇌량으로 연결되어 함

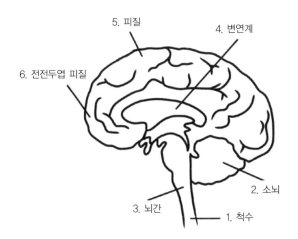

그림 1.1   뇌의 여러 부위(© EMOTION COACHING UK)

위에서 본 면

좌뇌

우뇌

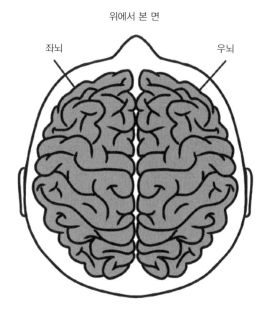

그림 1.2 뇌의 두 반구(ⓒ EMOTION COACHING UK)

께 작동하여 정보가 두 반구 사이를 쉽게 통과할 수 있도록 합니다. 이 연결의 중요성은 이 장의 뒷부분에서 설명합니다. 이제 서로 다른 뇌 영역(그림 1.1의 1~6번)을 자세히 살펴보고 각 부분이 하는 일을 살펴보겠습니다.

1. 척수(spinal cord) : 신체의 모든 부분에서 지속적으로 들어와 뇌에서 처리되는 감각정보를 전달하는 신경을 포함합니다. 뇌는 모든 정보를 해석(translate)하여 어떤 반응을 취해야 할지 결정하고 대응되는 행동과 동작을 알려주는 정보를 다시 전송합니다.

2. 소뇌(cerebellum) : 이것은 감각 시스템으로부터 정보를 받아 움직임을 조정하고 신체 정보를 감정 및 인지 처리와 통합합니다. 여기에는 안구 운동, 말하기, 자세, 균형, 조절 등이 포함됩니다.

3. 뇌간(brain stem) : 이 영역은 신체로부터 정보를 받아서 뇌의 나머지

부분으로 전달합니다. 뇌의 각성 수준, 호흡, 심박수, 혈압과 같이 우리의 생명을 유지하고 조절하는 무의식적 활동을 담당합니다. 뇌간은 또한 싸우거나/도망가거나/얼어붙는 스트레스 반응 또는 생존 반응을 촉진합니다.

4. 변연계(limbic system) : 이 영역은 뇌 속 깊숙이 자리잡고 있습니다. 동기 부여, 행동 조절 및 스트레스 반응(싸우거나/도망가거나/얼어붙는 생존 반응)을 활성화하는 데 중요한 영역입니다. 편도체는 감각 정보에 감정적 '라벨'을 부여하는 데 중점을 둔 변연계의 일부이므로 우리의 사고와 반응을 식별하고 속도를 높이는 데 도움이 됩니다. 무엇보다도 생존을 위해 우리의 두뇌는 고통, 두려움, 분노, 놀람, 혐오, 기쁨의 감정을 인식하고 반응하도록 장착되어(hardwired) 있습니다(Ekman, 2016). 이는 뇌가 감정을 무시할 수 없다는 뜻입니다. 신체적 또는 정신적 위협이나 위험이 있을 때 편도체는 뇌의 또 다른 중요한 영역인 시상하부에 경고하여 생존 행동을 준비하고 지원하기 위해 화학 물질(호르몬)을 자동으로 방출합니다. 해마는 변연계의 또 다른 부분으로 기억을 만들고 유지하는 데 관여합니다. 감정적 평가에서 이전 경험을 참조함으로써 미래의 결정과 행동을 안내하고 알려주는 데 해마가 도움이 되는 역할을 하는 것으로 알려져 있습니다.

5. 피질(cortex) : 이 부위는 우리가 전체 뇌의 표면을 볼 때 보는 뇌의 영역입니다. 피질은 외부 층이며 회색으로 보이는데 표면에 주름이 안으로 잡혀 있습니다. '생각하는 뇌'라고도 알려진 이 뇌는 말과 언어를 포함한 모든 감각 정보에 대한 지각, 이해, 추론, 처리, 반응을 담당합니다.

6. 전전두엽 피질(prefrontal cortex) : 이 부위는 뇌의 전면에 있는(이마 바로 뒤에 있는) 피질의 영역입니다. 특히 문제 해결, 합리성, 의사 결

정, 주의 집중 시간, 판단, 성격 표현, 사회적 행동을 조절하는 능력과 같은 복잡한 인지 행동을 담당합니다. 뇌의 이 부분은 기능이 완전히 확립되는 마지막 부분이며 이 영역이 완전히 성숙했다고 간주되려면 20대 중반은 되어야 합니다. 피질과 전전두엽 피질은 변연계와 잘 연결되어 있으며 이 모든 영역은 학습, 의사 결정, 행동에 통합되어 있음을 주목할 필요가 있습니다.

이제 뇌의 주요 영역과 그 기능을 알았으니 이들이 어떻게 연결되고 서로 작동하는지 기억하는 방법이 필요합니다.

그림 1.1에서와 같이 뇌를 시각화하고 서로 다른 부분이 어떻게 함께 작동하는지 보기 위해 댄 시겔(Dan Siegel, 2012)은 손을 사용하여 간단한 모델을 만들었습니다! 자 소매를 걷어 올려, 당신이 함께 작업하는 아이들은 물론이고 사람들과 공유할 수 있는 뇌의 손 모델을 만들어 봅시다.

뇌의 손 모델

그림 1.3은 뇌의 주요 부분을 시각화하여 각 부분들이 어떻게 연결되고 어떻게 함께 작동하는지 보여주는 간단한 방법입니다(다음 설명의 숫자는 앞서 나온 그림 1.1에 표시된 뇌의 부분을 나타냅니다).

먼저 팔꿈치를 단단한 표면에 놓고 팔뚝이 위쪽을 가리키도록 합니다. 손바닥이 당신의 얼굴을 향해 보이게 하고 손을 평평하게 펴서 손가락 끝이 위를 향하도록 하십시오.

팔과 손목은 척수를 나타냅니다(1). 앞서 언급했듯이 척수는 의식적이든 무의식적이든 신체와 뇌로 메시지와 감각을 전달합니다. 손바닥은 소뇌(2)와

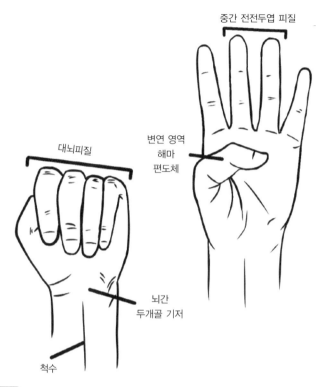

중간 전전두엽 피질

대뇌피질

변연 영역
해마
편도체

뇌간
두개골 기저

척수

그림 1.3   뇌의 손 모델(ⓒ EMOTION COACHING UK)

뇌간(3)입니다. 뇌의 이 부분은 신체의 많은 무의식적 기능(예 : 호흡, 혈압, 자세, 혈류 등)을 제어합니다. 뇌간은 또한 생래적(innate) 스트레스 반응 (싸우거나/도망가거나/얼어붙는 행동을 촉진하려는) 체계를 지원하는 데 관여합니다.

자, 이제 엄지손가락을 안으로 접어 손바닥에 밀착하여 붙입니다. 엄지가 손 바닥에 얼마나 가깝게 연결되어 있는지 느껴보십시오.

엄지는 변연계를 나타냅니다(4). 접수된 모든 감각 정보에는 감정적 레이블 이 지정되며, 이로써 반응 속도를 높이고 뇌가 적절히 반응하게 합니다.

시겔과 패인 브라이슨(Payne Bryson 2012)은 소뇌, 뇌간, 변연계(손바닥과 엄지손가락)를 '아래층' 뇌라고 부릅니다. 감정적 반응을 생성하고 통제하는 데 밀접하게 관련되어 있기 때문에 때로 '감정의 뇌'라고도 합니다. 이 부분들은 이제 우리가 살펴볼 '위층' 또는 '생각하는 뇌' 아래에 잘 덮여져 있습니다.

이제 나머지 네 손가락으로 엄지손가락을 움켜쥐고 어떻게 이들이 엄지손가락에 닿고 연결되는지 확인합니다.

손등과 손가락은 피질(5)을 나타내고 손가락 끝은 전전두피질(6)을 나타냅니다. 피질, 특히 전전두엽 피질은 인지와 관련된 '추론 또는 사고하는 뇌'로 간주됨을 기억하십시오. 여기는 기능적으로 복잡한 뇌의 부분으로, 행동, 생각, 동작 등을 의식적으로 제어할 수 있게 합니다. 각별히 중요하게도 전전두엽은 우리의 감정적 반응을 조절하는 데 도움이 되고 다른 사람들을 이해하고 협력하고 사회적으로 참여하도록 허용합니다. 이것이 바로 우리가 선호하는 의사소통, 문제 해결 및 학습 방법입니다. 다른 사람의 의도를 이해하는 능력과 사회적으로 참여하려는 욕구는 인간에게 고유하고 필요한 기술로 간주됩니다. 시겔과 패인 브라이슨은 뇌의 이 부분(피질과 전전두엽 피질)을 '위층' 뇌라고 부릅니다.

뇌의 부위별로 기능이 다르기 때문에 이들이 어떻게 함께 작동하는지 그 방법과 이유가 궁금할지도 모릅니다. "전체는 부분의 합보다 크다"라는 말을 아시죠? 자, 두뇌도 각 부분들이 생각, 의사 결정, 행동, 동작에 정보를 제공하기 위해 효과적(effectively)으로 함께 작동할 때 가장 효율적(efficient)입니다.

뇌의 손 모델이 우리의 행동을 설명하는 데 어떻게 도움이 될까요?

우리는 사회적 참여를 통해 다른 사람들과 경험을 공유하고 문제를 해결하기를 선호합니다. 환경과 관계에서 충분히 안전하다고 느낄 때 우리의 에너지는 과제나 학습에 집중할 수 있습니다. 기억과 경험에 효과적으로 접근하기 위해 뇌의 감정적인 부분과 이성적인 부분이 함께 작동할 때, 더 기꺼이 새로운 경험과 도전을 시도하고 배울 준비가 됩니다.

손 모델에서 엄지손가락을 다른 손가락들 아래에 집어넣고 주먹을 꽉 쥐면(그림 1.3) 뇌의 각 부분이 연결되어 온전한 뇌처럼 보인다는 것을 느낄 수 있습니다.

이 상태에서 뇌는 각 부분이 연결되어 효율적으로 작동할 수 있기 때문에 '학습하는 뇌'라고 볼 수 있습니다. 성장에 따라 뇌의 다른 부분 사이의 연결이 더 강해지고 체계가 잡히게 됩니다. 그러나 우리의 관계, 경험, 환경은 이러한 연결의 발달과 강도에 영향을 미칠 것입니다.

뇌는 학습에 필수적이지만 뇌의 핵심 역할은 우리를 안전하게 보호하여 생존을 지탱하는 것입니다. 그런데 어떻게 뇌가 그걸 할까요? 우리는 지속적으로 그리고 대체로 무의식적으로 (그래서 일반적으로 그런 일이 일어나고 있는지 알지 못합니다) 우리의 존재에 위협이 될 수 있는 사람 또는 무엇이든 식별하기 위해 환경을 확인하고 주변 사람들을 살핍니다. 뇌가 사회적 기술과 의사소통 기술로 [따라서 우리의 **사회적 참여** 체계(social engagement system)를 사용함으로써] 해결할 수 없는 위협(스트레스 요인)을 감지하면, 높은 경계 경보상태로 이동합니다. 그러면 **스트레스 반응** 체계(stress response system, 싸우거나/도망가거나/얼어붙는 반응이라고도 함)를 활성화하여 보호적 사고와 행동에 우선 순위를 두고 지원합니다. 중요한 점은 이 위협이 실제일 수도 있고 지각된 것일 수도 있다는 것입니다. 예를 들어 누군가 당신에게 무례하게 대하는 것은 생존에 대한 주요 위협은 아니지만 당신은 모욕감을 느끼고 자기 위협감을 느낄지도 모릅니다. 이에 대한 당신의 반응은 감정과 행동을 조절하는 방법에 따라 달라집니다. 완전하게 싸우거나/도망가거나/얼어붙거나 하는 모드에 들어가는 대신 사회적 참여 체계를 사용하여 문제를 관리하고 해결할 수 있습니다. 또는 스트레스 반응 체계를 활성화하여 공격 또는 회피함으로써 상황을 해결하려 할 수도 있습니다.

스트레스 반응 체계가 활성화되면 뇌와 몸에서는 무슨 일이 일어날까요?

엄지손가락을 움켜쥐었던 나머지 손가락을 쫙 펴서 위쪽을 가리키도록 합니다. 이것이 스트레스 반응 체계의 활성화에 대한 반응으로 뇌에서 일어나는 모습을 나타냅니다.

보시다시피 생각하는 뇌(전전두엽 피질, 6)와 감정적 체계(변연계, 4) 사이의 연결은 더 이상 밀접하지 않으며, 뇌의 생존 본능 부분(변연계와 소뇌, 3)이 이제 우리의 행동 반응을 제어합니다. 변연계와 전전두엽 피질이 연결되어 함께 작동할 때보다 신중하고 합리적이며 친사회적인 결정을 내리기가 더 어려워집니다. 이러한 긴밀한 상호작용이 없으면 결정에 충동성은 늘고, 합리성은 낮아질 수 있습니다.

위험이나 경보 상태에 대한 응답으로 호르몬이 자동으로 혈류로 방출되어 신체가 즉각적인 조치를 취하도록 준비합니다. 이로 인해 혈압, 심장 박동 및 팔다리로 가는 혈류가 증가하고 에너지 수준을 높이기 위해 지방과 당을 혈류로 모아 보내면서 단백질 분해가 증가합니다. 우리 주변이나 위협이 될 수 있는 잠재적 가능성이 있는 다른 사람들에 대한 민감성과 집중력이 높아집니다. 행동은 싸우거나 또는 스트레스 요인으로부터 달아나기 위해 동원되며 생존에 초점을 맞추게 됩니다. 그러나 두뇌가 싸워도 도망가도 생존하지 못할 것이라고 믿는다면 가장 효과적인 방어 메커니즘은 신체가 얼어붙게 되는 것입니다. 이것은 무반응과 기능 상실 또는 움직임의 상실로 이어질 수 있습니다. 스트레스 반응 체계는 일종의 스펙트럼에서 작동한다는 것을 기억하십시오. 일부는 그럴 수 있지만 항상 전면적으로 싸우거나/도망 모드로 돌입하는 것은 아닙니다. 간혹 그런 사람이 있기는 하더라도 말이죠.

스트레스 반응 체계가 활성화되면 우리 몸은 즉각적인 위험을 찾아 집중하는 데 도움이 되도록 사람의 음성 주파수를 듣는 것을 물리적으로 '조율'하고 다른 소리를 '귀 기울여' 들을 수 있게 됩니다. 주변과 다른 사람들의 잠재적인 위험에 집중하기 위해 주의가 좁혀집니다. 손가락을 위로 바짝 세울 때 어떤 일이 일어나는지 다시 한번 보십시오. 누군가의 행동이 예측할 수 없고 비합리적으로 보일 때 "와, 저 사람들 뚜껑 열렸네…"라는 표현을 사용하거나 들었을 것입니다. 부분적으로 이것은 그들의 행동과 동작이 합리적이고 창의적인 사고와 문제 해결을 포함하기보다는, 본능적이지만 제한적인 생존 반응에 의해 주도되기 때문에 일어나는 일입니다. 그러나 다시 말하지만 모든 사람이 반드시 완전히 '뚜껑이 열리는' 것은 아니며 뇌의 '위층'(생각)과 '아래층'(느낌 및 스트레스 반응) 부분 사이에 완전한 단절이 생긴다는 것을 의미하지는 않습니다.

이제 엄지손가락(변연계)을 나머지 네 손가락으로 움켜쥐고 뇌의 각 부분이 어떻게 다시 연결되는지 확인하십시오. 두뇌가 선호하는 학습 상태로 돌아왔습니다.

스트레스 반응 체계는 생존 비상시에만 작동하도록 설계되었으며 효과적으로 기능하기 위해 많은 에너지를 사용합니다. 결과적으로, 활성화되면 에너지를 보존하기 위해 다른 뇌와 신체 기능이 일시적으로 타협합니다. 위협이 끝나면 미주신경은 스트레스 반응 체계에 대응하는 역할을 합니다.

미주신경은 뇌에서 시작하여 얼굴, 목을 비롯한 신체의 대부분의 기관으로 여러 방향으로 분기됩니다. 그것은 우리의 청각, 언어, 침 삼키기, 소화 작용 및 면역 반응에 영향을 미치는 장기와 뇌로 메시지와 정보를 지속적으로 전달합니다. 우리가 스트레스나 위협을 받고 있지 않을 때 미주신경은 신체가 휴식을 취하고 긴장을 풀고 사회적으로 참여할 수 있도록 하는 주요 통제 역할을 합니다. 또한 위협/위험이 종료되고 환경과 관계가 안전하다는 것이 확인되면 신체와 뇌가 감정적으로나 육체적으로 진정되도록 돕는 반응을 촉발합니다. 이것은 신체와 뇌 시스템을 정상 기능으로 되돌리고 사회적 및 환경적 참여로 주의를 돌릴 수 있게 됩니다. 감정 반응을 조절하는 미주신경의 중요한 역할에 대해서는 '뇌의 형성' 절에서 논의할 것입니다.

특히 전전두엽 피질과 변연계 사이의 뇌 연결은 양방향 의사소통을 허용하여 스트레스 반응 체계를 완화하거나 관리하는 동시에 위험과 위협에 신속하게 대응할 수 있습니다. 예를 들어, 이러한 연결을 통해 적절하게 반응한 다음 다시 진정하고 우리의 귀가 인간의 음성 주파수에 다시 맞출 수 있게 됩니다. 실질적 위협(예 : 누군가가 우리를 공격하려는 경우)에 빠르고 적절하며 효과적인 대응이 필요하지만, 지각된 위협(예 : 침대 아래 괴물을 상상하는 것)에 대해서도 빠르고 적절하며 효과적인 대응을 개발해야 합니다. 두 경우 모두 사회적으로 적절한 행동을 보이기 위해 진정하고 학습 두뇌 상태로 돌아갈 수 있어야 합니다.

투정 부리는 아이나 교실에서 줄서기를 거부하는 아이는 어떤 측면에서는 '뚜껑이 열린' 상태이므로 행동 반응을 관리하고 개선하기 위해 우선 진정과 지지가 필요합니다. 뇌 손 모델은 뇌의 다른 부분들이 서로 어떻게 연결되어 있고, 뇌와 신체가 어떻게 함께 작동하여 긍정적인 행동을 지원하는지에 대한 방법을 시각화하는 데 도움을 줍니다. 아이들은 모델의 시각적 표현에 더 잘 반응하여 진정과 행동 반응을 향상시키는 힘을 주는 도구로 사용될 수 있습니다.

유치부(만 4세와 5세) 아이를 가르치는 교사인 아만다는 정신건강과 웰빙이라는 용어에 초점을 맞추어, 뇌, 신체, 감정 사이의 연관성을 탐구하고 있었습니다. 그 일환으로 그녀와 보조교사는 아이들과 함께 개별적으로 그리고 학급에서 정기적으로 감정코칭을 사용했습니다. 뇌 손 모델은 아이들이 자신들이 느끼는 것에 대하여 대화의 물꼬를 터주고 자신들의 몸과 뇌에서 무슨 일이 일어나고 있는지 설명하는 데 도움이 되었습니다. 한 달 후, 아만다 선생님은 밖에서 놀고 들어오는 두 명의 아이들을 관찰했습니다. 제스는 애나와 이야기하고 있었습니다. 그는 손가락을 위아래로 펴면서 이렇게 말합니다. "걔가 너를 밀치고 공을 가져가서 난 네가 화난 줄 알았어. 분명히 네가 이렇게(손가락을 위로 쭉 피면서) 된 줄 알았지. 우리 선생님은 이해하셔- 우리가 그럴 수 있다고 말하셨잖아(손가락을 위아래로 폈다 쥐었다 하면서). 선생님한테 가면 기분 나아지게 하는 방법을 아시고 (엄지 손가락부터 접어서 그 위에 나머지 손가락을 덮어 주먹을 쥐면서) 이렇게 해 주실 거야."

위협을 알아차리고 적절하게 대응하는 방법을 배울 수 있을까요? 네, 그렇습니다. 앞서 언급했듯이 우리는 스트레스 요인에 대한 생래적이고 즉각적인 반응을 지니고 태어납니다. 그러나 우리는 또한 스스로를 보호할 수 있을 때까지 보호자가 '우리를 돌봐주고' 보호해주기를 기대하도록 태어났습니다. 그러므로 우리는 삶에서 '중요한 사람들'로부터 스트레스 요인에 대해 언제 반응해야 하는지, 어떻게 반응해야 하는지, 어떻게 대처해야 하는지를 배웁니다. 그렇게 하는 우리 뇌의 능력은 경험을 통해, 그리고 우리가 살고 있는 관계와 환경에 대한 반응으로 시간이 지남에 따라 발달합니다. 따라서 교사로서 우리는 뇌가 학습을 지원하기 위해 작동하는 방식에 대한 이해와, 역으로 학습이 두뇌 발달을 지원하는 방법에 대하여 약간 이해할 필요가 있습니다.

뇌는 어떻게 작동할까요?

뉴런(신경세포)과 뉴런네트워크(신경회로망)

이제 뇌가 학습을 지원하는 방법에 대해 우리가 알고 있는 내용을 살펴보겠습니다. 인간의 중추 신경계는 척수와 뇌로 구성되며 정보는 뇌, 신체, 감각으로 전달됩니다. 뇌는 우리 주변과 내부에서 일어나는 일을 이해하고 나중에 사용할 수 있도록 이 정보를 정리하고 저장합니다. 이러한 과정은 우리가 자신이 처한 상황에 접근하고 평가하고 적절한 조치를 취할 수 있음을 의미합니다.

유아기에 우리는 다른 사람을 관찰하고 모방하고 경험과 환경의 참여와 반복을 통해 행동에 대응하고 조직하는 방법을 배웁니다. 아이들이 성장함에 따라 두뇌도 신체적으로 성숙하여 기능적으로 더 복잡하고 창의적이 되며 이성이 결정과 행동에 정보를 제공하기 위해 아이디어와 생각을 구성할 수 있게 됩니다. 실제로 어린 시절은 두뇌가 가장 빠르게 성장하고 변화하는 시기입니다. 뇌가 가장 잘 수용하고 반응하며 환경, 경험 및 관계의 영향을 받는 시기입니다. 어린 시절, 그리고 실제로 일생 동안 우리는 배우기 위해 살고, 또한 그렇게 함으로써 사는 방법을 배우고 있다고 말할 수 있습니다(Gilbert et al., 2013).

앞서 논의한 바와 같이, 뇌의 다른 영역들은 서로 연결되어 있습니다. 이는 우리가 살고 있는 환경뿐만 아니라 내부 신체 환경을 포함하여 우리의 경험, 관계 및 환경에 대한 정보를 평가, 저장, 공유하여 우리의 결정과 행동을 알릴 수 있도록 합니다. 연결은 정보가 전기 충격으로 스스로 전달되도록 하는 세포인 '뉴런'을 통해 생성됩니다. 뉴런은 감각에서 중추신경계로, 중추신경계의 한 곳에서 다른 곳으로, 중추신경계에서 근육으로 정보를 전달합니다.

뉴런은 정보를 전달하고 충분히 자극되면('발화') 정보를 다른 뉴런으로 전송할 수 있으므로 뉴런들이 서로 통신할 수 있습니다. 뉴런의 이러한 연결 및 통신은 중추 신경계를 통해 정보를 공유할 수 있도록 하는 신경망(뉴런네트워크)을 생성합니다. 뉴런네트워크는 아이들의 세상, 사람, 관계에 대한 정신적 표상을 구축하여, 의사결정, 행동, 동작에 정보를 제공합니다.

총체적으로 뇌의 신경망(뉴런네트워크)은 커넥톰(connectome)이라 알려져 있습니다. 커넥톰은 도시와 도시를 연결하는 도로 교통망으로 상상할 수 있습니다. 도로를 따라 얼마나 빨리 이동할 수 있는지는 도로의 크기와 다른 도로와의 연결에 따라 다릅니다. 일반적으로 도로가 클수록 더 많은 도로가 연결될 수 있으며 한 장소에서 다른 장소로 더 쉽고 빠르게 이동할 수 있지요. 자주 이동하는 경로가 선호 경로가 되며 그렇게 함으로써 더 익숙하고 탐색하기 쉽고 더 빠르게 이동할 수 있습니다. 뉴런네트워크는 뇌를 위한 도로 운송 체계와 같으며 튼튼하고 잘 연결된 뉴런네트워크는 정보를 따라 이동하는 데 더 쉽게 접근할 수 있고 더 빠릅니다. 자꾸 반복적으로 사용하면 이 네트워크가 선호되는 경로가 되기에 좀 더 민감해지며, 좀 덜한 자극에도 활성화됩니다. 시간이 지남에 따라 생각, 동작 및 행동이 더 빨리 일어나고 더 자동적으로 응답하게 됩니다. 꼭 기억해야 할 것은 신경망은 어떤 환경, 경험, 관계가 유익하든 해롭든 관계없이 생존에 필요한 행동 반응을 생성하는 데 적응할 것이라는 사실입니다.

신경망(뉴런네트워크)의 조율 및 가지치기

태어날 때부터 뇌 영역을 연결하는 강력한 뉴런네트워크를 개발하는 데 많은 에너지가 소요됩니다. 아이들은 많은 뉴런과 뉴런네트워크를 가지고 태어나지만 그 뉴런들의 연결성은 제한적입니다. 경험, 환경, 관계로부터의 반복적인 자극으로써 연결성은 개발되고 정보 전달에 대한 반응성과 효율성은 향상됩니다. 잘 연결되고 자주 사용되는 네트워크는 활성화되는 데 자극이 덜 필요하므로 정보를 더 빠르고 적은 노력으로 전송할 수 있습니다. 이런 식으로 특정 사고와 행동은 힘들이지 않고 자동적으로 반응합니다.

그러나 우리 몸은 에너지를 효율적으로 사용해야 하며 뉴런네트워크를 구축하고 유지하려면 많은 에너지가 필요합니다. 뉴런네트워크가 규칙적인 사용에 의해 자극되지 않으면 뉴런과 네트워크는 강력한 연결을 형성하지 않으므로 정보가 더 느리게 전달됩니다. 다른 도로와 연결되는 교차로가 거의 없는 좁은 도로를 상상해 보십시오. 더 넓고 교차로가 많기 때문에 더 빠른 대안이 있는 경우 여행 시 좁은 도로를 선택할 가능성이 적습니다.

뉴런네트워크가 활성화되지 않거나 장기간 충분히 사용되지 않으면 가지치기(pruning)라는 자연스러운 뇌 과정이 발생합니다. 이는 자원 낭비를 최소화하고 가용 에너지를 효과적으로 사용하는 데 필수적이기는 하지만 무분별한 프로세스이기도 합니다. 그것은 아이의 잠재적 발달에 필요한 뉴런과 뉴런네트워크를 구별하지 않습니다. 뉴런 수가 적으면 정보를 처리할 기회가 줄어들어 연결성과 학습 잠재력이 손상됩니다. 옛 격언이 말하듯 "사용하라 그렇지 않으면 잃어버린다."처럼 말입니다.

가소성과 모방(거울식 반영법)

뇌의 뉴런네트워크는 지속적인 환경, 경험 및 관계에 따라 계속 적응하고 변화합니다. 뇌의 가소성이란 정보 자극에 대한 구조적 연결과 민감도를 성장, 적응 및 변화시키는 뇌의 능력이라고 합니다. 뇌 가소성은 어린 시절에 가장 크지만, 비록 좀 더 느려지긴 하더라도 평생 계속됩니다.

가소성은 뇌가 생존을 보장하기 위해 우리의 모든 경험, 환경 및 다른 사람들과의 관계에서 배우고 계속 학습하도록 합니다. 뇌 기능은 부분적으로 유전에 의해 결정되지만 성숙을 통해 발달하기도 합니다. 또한 시행착오, 반복적인 노출, 그리고 경험을 통해 두뇌가 자극을 받을 것이라는 발달적 기대가 있습니다. 아이가 특정한 상황에 대해 반복적으로 고정된 반응을 보인다고 해서 이것이 아이가 반응할 수 있는 유일한 방법이라는 뜻은 아닙니다. 반복적이고 대안적인 상호작용과 다른 사람들과 다양한 경험을 통해 새로운 행동 반응을 지원하는 새로운 신경 경로가 만들어질 수 있습니다. 따라서 관계의 질, 경험의 기회 및 환경 유형은 모두 아이의 학습의 질과 능력에 영향을 미칩니다.

특히 어린 시절, 삶에서 중요한 어른들이 우리를 돌봐줄 것이라는 기대를 하고, 그럼으로써 우리 자신과 궁극적으로 다른 사람을 돌보는 방법을 배울 수 있습니다. 모방(미러링)은 다른 사람을 보고 따라 하면서 배우는 자연스러운 능력입니다. 흉내내기 위해서는 주변 사람들의 행동과 의도를 인식하고 해석할 수 있는 기술이 필요합니다. 따라서 인간으로서 우리는 다른 사람의 동작(motor actions)에 대한 이해와 그들의 의도를 해석하는 데 도움이 되는 뉴런네트워크와 관련된 뇌 메커니즘을 가지고 있어야 합니다. 아이가 미소 짓는 법을 어떻게 배우는지 생각해보세요—다른 사람들이 미소를 짓는 모습을 반복적으로 봄으로써 결국 아이는 모방 반응을 형성합니다. 경험을 통해 아기는 미소 뒤에 숨은 의도를 배우기 시작하고 맥락화함으로써 이를 사용하여 자신의 반응을 전달하고, 이는 아이의 사회적 참여 체계의 일부가 됩니다. 우리는 아기에게 웃는 법을 공식적으로 가르치지 않습니다. 단지 시간이 지남에 따라 아이들의 관계, 환경, 경험을 통해 자연스럽게 웃는 법을 배웁니다.

우리가 타인의 행동을 정확히 이해하고 그 의도를 해석하는 방법은 복잡하고 과학적 논쟁의 주제로 남아 있지만, 이 책의 목적상 우리가 아이들의 역할 모델로 행동하는 방법에 대한 중요한 의미를 갖기도 합니다. 감정코칭은 사회적으로 적절한 행동을 모델링하는 강력한 방법이 될 수 있습니다. 제스와 애나를 다시 생각해보세요. 제스는 교실에 있는 어른들이 아이들의 감정적 순간에 어떻게 반응하는지 경험하고 관찰했습니다. 그가 이런 일이 일어나는 것을 알아차릴 때마다 그의 거울식 반영법(mirroring)이 활성화되었고 빈번한 활성화는 그의 뇌에 있는 뉴런 연결 패턴이 강화되었음을 의미했습니다. 제스는 자신이 보고 경험한 것을 기억할 수 있었고 애나에게 자신의 역할 모델을 모방하여 비슷한 방식으로 반응할 수 있었습니다. 또 다른 예는 어린이집에서 어른들로부터 감정코칭을 모델링한 결과로 집에서 인형을 가지고 놀면서 감정코칭을 하기 시작한 4세 아이의 사례입니다. 어떤 부모가 집에서 아이가 이렇게 말했다고 떠올렸습니다. "리본이 머리에서 떨어져서 정말 속상했구나. 나도 전에 그런 적이 있었어. 내가 안아주고 뽀뽀해 줄게"라고 말이죠.

이 책의 뒷부분에서 공감 모델링의 중요성에 대해 이야기할 때 이 점을 다시 다루겠지만, 효과적으로 대응하고 의사소통하고 개인과 사회적 요구 사항을 충족하려면, 우리는 주변의 다른 사람들이 느끼고 생각하는 것을 인식하고 이해할 수 있는 기술이 필요합니다. 우리는 본질적으로 다른 사람의 감정과 느낌을 생각하고 이해하고 공유할 수 있는 능력인 공감력을 키워야 합니다.

공감(empathy)은 우리 자신을 '다른 사람의 입장'에서 보는 역지사지의 능력입니다. 타인들의 행동의 정보를 알려주는 의도, 생각, 감정을 이해하는 것은 효과적인 사회화와 친사회적 관계의 발전을 위해 필수적입니다.

그러나 태어날 때부터 장착된 기본 감정과 달리 공감을 표현하기 위해서 우리는 공감을 경험해야 합니다.

우리는 경험과 환경과 관계를 통해서 다른 사람을 이해하고 어울리기 위한 기술을 개발합니다. 공감적 반응을 모델링하는 [모범을 보여주는] 주변 어른들에 의해 감정코칭은 아이들의 공감 발달을 키워줍니다.

뇌의 형성

뇌 발달은 일정 기간 동안 동시에 작동하는 많은 프로세스로 인해 복잡하고 완전히 이해되지 않는다는 사실을 기억할 필요가 있습니다. 우리는 앞서 뇌가 학습하도록 연결되어 있으며, 어린 시절은 뇌의 학습 능력과 가소성이 가장 뛰어난 시기라고 언급했습니다. 뇌 기능은 일반적으로 나이가 들면서 발달하지만 시행착오와 반복적인 노출과 경험을 통해 뇌가 자극을 받을 것이라는 기대에 따라 달라집니다. 따라서 다음 절에서 볼 수 있듯이 관계의 질, 경험 기회 및 환경 유형은 모두 아이들이 배우는 내용과 학습 능력에 영향을 미칩니다.

미주신경 및 미주신경 탄력성

아이들의 지속적인 건강과 웰빙은 사회적 참여 체계와 스트레스 반응 체계 간의 통합 및 상호작용을 반영합니다. 교감 신경계는 우리의 스트레스 반응 체계(싸우거나/도망가는 행동)를 제어하며, 이는 우리가 안전하지 않다고 느끼거나, 실제 혹은 지각된 위험을 감지할 때 자동으로 활성화됩니다. 주로 미주신경을 통한 부교감 신경계는 우리의 사회적 참여 체계(합리적 사고 및 학습 포함)를 제어할 뿐만 아니라 스트레스 반응 체계의 균형을 유지하는 역할을 합니다.

우리가 스트레스를 받지 않고 안전하다고 느낄 때 미주신경은 내부 장기에 명령을 보내 편안하게 쉬고 회복할 수 있도록 제어합니다. 이 상태에서 우리는 두뇌와 에너지를 사용하여 다른 사람 및 주변 환경과 소통하고 대화하며 창의적으로 생각하고 집중하고 배울 수 있습니다.

사회 세계에 적절하게 참여할 수 있도록 스트레스 반응을 조절하는 아이의 능력을 미주신경 탄력성(vagal tone)이라고 합니다(Gottman et al., 1997; Porges, 2011). 미주신경 탄력성은 부분적으로는 유전적일 뿐만 아니라 뇌의 성숙과 아이의 환경적, 경험적, 관계적 경험을 반영하기도 합니다. 앞서 언급했듯이 우리는 뇌의 여러 다른 영역이 다른 속도로 성숙한다는 것을 알고 있습니다. 추론, 사고, 이해 및 사회적 참여 체계 관리에 관여하는 아이의 전전두엽(위층 뇌)은 출생 시에는 스트레스 반응 체계를 제어하는 변연계(아래층 뇌)보다 기능적으로 덜 성숙합니다. 따라서 아이들은 새롭고 도전적인 경험에 쉽게 압도됩니다. 주로 변연계(아래층 뇌)에 의해 주도되는 감정적 반응은 침착함을 느끼기 위해 애쓸 때 즉각 육체적 고통으로 이어집니다. 감정을 효과적으로 관리하기 위해 아이는 전전두엽(사고하는 뇌)과 변연계(감정적 뇌) 사이에 강력한 뉴런네트워크 연결을 개발할 시간과 기회가 필요합니다―즉 양호한 미주신경 탄력성이 필요합니다.

효과적이고 반응이 좋은 미주신경 탄력성을 가진 아이는 더 나은 정서적 균형(적절하게 평가하고 반응할 수 있음), 더 명료한 사고, 향상된 주의력, 더 효율적인 면역 체계(스트레스 반응을 지원하기보다 유지하기 위해 에너지를 사용할 수 있기 때문에), 역경에 직면했을 때의 더 큰 회복탄력성을 가지고 있습니다(Gottman et al., 1997). 통합되고 효과적인 사회적 참여와 스트레스 반응 체계, 즉 좋은 미주신경 탄력성을 개발하기 위해 아이들은 다른 사람들과 연결하고 상호작용하고 타인과 사회적 관계를 이해하고 발전하고 배울 수 있는 시간, 기회 및 지원이 필요합니다. 그들은 적절하게 평가하고 대응하는 법(행동)을 배워야 하고 감정적 반응(스트레스 요인)을 조절하는 방법을 배워야 합니다.

미주신경 탄력성에는 유전적인 요소가 있지만, 일관성 있고, 안정적이고, 동정심과 신체적 위안, 즉 양육을 받는 초기 관계와 애착 경험을 통해 발달됩니다. 스트레스를 받을 때 어른과 같이하는 '함께-조절(co-regulation)'은 아이의 미주신경을 활성화시킴으로써 아이를 신체적 · 정서적으로 진정되도록 해줍니다.

함께-조절은 스트레스를 받고 있는 순간에 아이의 요구를 확인하고 반응하는 것을 포함합니다. 이러한 대인 관계 과정을 통해 어른은 스트레스가 많은 순간을 조직하고, 처음에는 새롭고 놀라운 것처럼 보이는 경험을 아이가 겪어내고 대처하도록 도와줍니다.

우는 아기를 어떻게 달래주고 고통의 원인을 해소시키는지 생각해보십시오. 아이가 성숙함에 따라 반복적이고 일관된 함께-조절을 통해 스스로를 진정시키고 결국에는 스스로 조절하는 법을 배웁니다. 섕커(Shanker, 2016)는 '자기-조절(self-regulation)'이란 스트레스 수준, 감정, 행동 및 주의를 관리하여 목표를 달성하고 학습에 참여하고 사회적으로 수용 가능한 방식으로 행동하고 좋은 관계를 유지할 수 있는 능력이라고 설명합니다. 따라서 자기-조절 기술은 아이들이 주변 세계의 도전과 예측 불가능함에도 불구하고 자신의 감정, 행동 및 생각, 특히 파괴적이고 충동적인 것을 관리하는 데 도움이 됩니다. 자기-조절은 아이들이 다른 사람들과 효과적으로 교감하고 그들의 생각, 감정, 행동을 의식적으로 통제할 수 있도록 해줍니다.

함께-조절은 일반적으로 아이의 부모와 보호자에 의해 제공되지만 담당 의사 및 기타 가까운 어른과 같이 아이의 삶에서 중요한 또 다른 어른들도 아이의 미주신경 탄력성을 활성화하고 개발하는 데 도움이 될 수 있습니다. 이에 대해서는 다음 장에서 자세히 설명합니다.

관계는 중요하다

앞서 말했듯이 아이들에게는 잘 진정하도록 충분히 일관되고, 잘 돌봐 주고, 신뢰할 수 있는 어른들과의 시간이 필요합니다. 그래야 아이들이 스스로 진정하는 법을 배울 수 있습니다. 이러한 유형의 관계를 어른의 공감적 관심의 초점이 아이의 감정과 신체 상태에 잘 조율된 관계(attuned relationships)라고 합니다.

공감적 어른은 아이에게 행동과 동작을 통해 자신의 감정을 알아차리는 방법, 자신의 스트레스 요인을 평가하는 방법, 적절하게 대응하는 방법을 가르쳐줍니다. 즉, 공감적 어른은 아이의 사회적 참여 및 스트레스 반응 체계와 협력하여 아이가 자기-조절을 배우도록 돕습니다. 어른이 아이의 고통스러운 감정과 신체 상태에 적응할 때, 이들의 공감적 반응은 아이가 보고 진정되는 느낌을 받는 데 도움이 됩니다. 이것은 '느끼는(felt)' 안전감과 안정감을 증진하고 미주신경을 자극하여 아이가 진정되게 해 줍니다. 아이가 성장함에 따라 지속적이고 반복적인 공감, 조율 및 양육 관계를 통해 자신과 다른 사람의 감정을 더 잘 이해할 수 있습니다. 스트레스를 받을 때 함께 조절되는 것을 통해 스트레스 반응 체계를 진정시키고 사회적 참여 체계를 활성화함으로써 감정 조절을 배우고 연습하고 감정적 고통을 관리하기 위한 전략(뇌의 신경회로망)을 개발합니다.

어린 시절 경험에 대한 도전

생존 보장을 위해 행동을 조정하는 것은 우리가 늘 하는 일입니다. 이것은 우리 모두가 끊임없이 주변 환경을 확인하고, 안전한지 아닌지에 대한 단서를 다른 사람들에게 찾고 있음을 의미합니다. 이는 대개 무의식적으로 발생하며(우리는 자신이 그러고 있다는 것을 인식하지 못합니다) 신경수용성(neuroception)으로 알려져 있습니다(Porges, 2011). 우리의 뇌는 안전과 위험을 구별할 수 있도록 다른 사람의 움직임, 목소리 톤, 표정, 머리와 손의 움직임, 촉각, 그리고 우리 자신의―내적 신체 상태인―감정을 탐구합니다.

생존을 위해 아이들은 보고 느끼는 것과 실제 위험을 정확히 일치시키는 법을 배워야 합니다. 우리가 안전하다고 느낄 때는 제한적 행동 반응인 싸우거나 도망가는 스트레스 반응 체계가 억제됩니다. 우리가 선호하는 행동 시스템인 사회적 참여 체계가 훨씬 더 주도적이 되죠(뇌의 손 모델을 다시 생각해 보십시오. 학습하는 뇌는 뇌가 주먹으로 모델링 되고 모든 부분이 의사소통하고 함께 작동할 때입니다). 이 상태가 유지되면 뇌, 몸, 마음의 건강과 기능이 최적화되고 계획, 의사 결정, 문제 해결 및 자제와 같은 복잡한 활동에 접근하여 우리 행동에게 정보를 전달할 수 있습니다.

자신의 반응을 통해 어른들은 아이들이 스트레스 반응 체계를 즉시 활성화하기보다는 자신의 사회적 참여 체계를 사용하여 위험을 배우고 평가하도록 도울 수 있습니다. 여기 예가 있습니다.

11월 어느 오후, 트레이시 선생님은 프리티와 돔과 함께 정원에 나와 있었습니다. 그림을 그리기 위해 나뭇잎을 줍고 있었는데 갑자기 옆집 정원에서 '쾅' 하는 큰소리가 났습니다. 프리티와 돔은 바로 나뭇잎 줍기를 멈추고 재빨리 트레이시를 쳐다보았습니다. 트레이시는 몸을 굽혀 두 아이에게 부드럽고 차분한 목소리로 말했습니다. "와, 엄청 큰소리였네… 전혀 예측도 못했는데… 근데 괜찮아 우린 안전하단다. 아마 며칠 뒤에 있을 불꽃놀이 축제를 위해 신나서 준비하는 사람들일 거야. 이 축제 때 불꽃 놀이 행사로 소리가 엄청 크게 나잖아, 밤에 보면 예쁜 색깔들을 다 볼 수 있단다." 프리티와 돔은 고개를 끄덕이고 다시 나뭇잎을 찾는 데 열중했습니다.

그러나 만약 트레이시가 놀란 표정을 하고 비명을 지르는 것으로 반
응했다면 이러한 행동은 프리티와 돔의 신경 수용 경보가 실제로 위험
에 처해 있음을 확인하고 스트레스 반응 체계(싸우거나/도망가는 행동)
가 자동으로 활성화되어 그들의 행동을 지배했을 것입니다.

꼭 기억해야 할 것은 뇌는 생존에 최적화하는 학습을 우선시하며, 유익
한 경험과 해로운 학습 경험을 구분하지 않는다는 것입니다. 그러므로 아
이가 자신의 관계와 환경에서 돌봄을 받고, 안전하고 진정되고 안정적인
느낌을 받을 기회가 없고(Siegel and Payne Bryson 2012), 언제나 혼자 있거
나, 안전하지 않거나, 조율되지 않거나 불안하다고 느끼는 경우, 아이들의
학습은 스트레스 반응 체계에 의해 주도될 수 있습니다.

일반적으로 아동기 부정적 경험(adverse childhood experience, ACE)으로
알려진 반복적이거나 지속적인 부정적 경험과 적대적인 환경을 경험하는
아이들은 충분히 공감을 해 준 어른이나 조율된 관계가 없는 상태에서 자
신의 생존을 위해 그 환경에 맞는 행동과 사고방식을 우선적으로 학습합니
다. 안전을 평가하고 연결하고, 신뢰하고, 긴장을 풀고, 사회적으로 참여하
기 위해 감정적 반응을 조절하는 것을 배우고 연습할 기회가 적습니다. 스
트레스 반응 체계를 조절하는 변연계와 합리적이고 이성적인 전두엽 사이
의 연결을 개발하고 강화할 기회 또한 적습니다. 이 아이들은 더 충동적이
고 덜 합리적인 변연계에 의해 주도되는 행동과 동작에 의존하게 됩니다.

스트레스 반응 체계의 빈번한 활성화는 뉴런네트워크가 스트레스 요인
에 예민하게 연결되고 잠재적 위험에 주의집중 하도록 연결된다는 뜻입니
다. 그들은 생존을 위해 지속적으로 '높은 경계심'을 유지하는 법을 배우
고, 생존을 위한 감정과 행동 반응(싸우거나/도망가는 행동)을 활성화하기
위해 다른 사람들보다 더 빨리 반응할 수 있는데, 이는 사회적으로 부적절

하거나 비효과적일 수 있습니다.

사회적 참여에 효과적으로 교감하고 지원하기 위한 '도구(tools)'에 대한 접근과 경험이 없으면 아이는 다른 사람과의 관계를 맺는 것이 어렵고 후속 교육 경험이 잠재적으로 스트레스를 준다고 여깁니다. 실제로, 심각하고 장기적인 외상에는 [진화적으로] 더 원시적인(primitive) 생존 반응이 있습니다. 이를 '얼어붙는 반응(freeze response)'이라고 하며 어떤 행동을 취하거나 기동력을 동원하는 싸우거나/도망가는 반응과 달리 이 반응은 꼼짝하지 않고 관계와 환경으로부터 극단적인 이탈(disengagement, 역자 주 : 비참여 또는 해리반응)을 통해 생존을 유지하려 합니다.

감정코칭은 감정적 고통을 함께-조절하는 매개체 역할을 하여 신체와 뇌와 함께 작동하는 것으로 보며, 아이가 차분함을 느끼고 사회적 상호작용에 다시 참여하도록 지지해줍니다. 차분한 상태에서 아이들은 자신이 느끼는 것과 다른 사람들이 어떻게 반응하고 문제를 해결하는지 더 잘 이해할 수 있습니다. 감정적 순간에 어른이 제공하는 감정코칭과 같은 일관되고 공감하는 반응은 모든 아이들을 위한 효과적인 삶의 도구 세트(toolkits)를 구축하는 데 도움이 됩니다.

연결, 기여, 함께-구축 그리고 창의성

이 장에서는 아이의 뇌와 마인드가 어떻게 발달하고 기능하는지에 대한 간략한 설명을 해드렸습니다. 이 장에는 많은 정보가 포함되어 있는데 여러분의 감정코칭 여정 때 여러 번 다시 볼 수 있도록 고안되었습니다.

뇌의 주요 특성과 기능을 기억하는 데 도움이 되도록 다음 네 가지 C를 생각하십시오:

1. 연결(connections) : 뇌 전체 용량을 잘 활용하기 위해 뉴런과 뉴런 네트워크 사이의 연결은 광범위하고 효율적으로 구축되어야 합니다.

2. 기여(contributions) : 아이들은 공감적이고 조율된 주위 어른들과의 관계 속에 살면서 사회적 참여와 스트레스 반응 체계 관리법을 배웁니다. 발달하는 아이들의 두뇌는 역할모델, 모방, 시행착오, 협력을 통해 강화되고 형성됩니다.

3. 함께-구축(co-construction) : 뇌의 기능적 효율성은 유전자, 환경, 경험 및 관계 간의 함께-구축을 반영합니다. 함께-조절을 통해 자기-조절이 이루어지고, 이는 진화하고 지속적이며 평생 진행되는 과정입니다.

4. 창의성(creativity) : 두뇌 건강과 웰빙을 촉진하기 위해 아이들은 자신이 돌봄을 받고 있다고 느끼고, 안전하고, 진정되고, 안정감을 느낄 필요가 있습니다(Siegel and Payne Bryson, 2012). 그렇게 되면 아이들은 성장하고 다양한 감각을 가지며 보람 있고 동기를 부여하고 흥미롭고 재미있는 학습 환경, 경험 및 관계에 개인적으로 참여할 수 있습니다.

(Rose, Gilbert and Richards, 2015에서 인용)

CHAPTER 02

감정코칭이란 무엇인가?

감정코칭이 아이들을 대할 때 도움이 되는 이유를 살펴보았으므로 이제 감정코칭이 무엇인지 더 자세히 살펴볼 필요가 있습니다. 이 장에서 우리는 가트맨 박사와 그의 동료들(1996, 1997)의 작업을 교육 환경으로 변환하고 이 접근 방식을 위한 4단계 프레임워크를 개발한 방법을 설명하면서 양육 유형으로서 감정코칭의 발생 기원을 추적해보겠습니다. 이 장에서는 감정코칭과 행동 관리에 대한 관계적 접근이 아이의 회복탄력성과 웰빙을 지원하는 데 얼마나 효과적인지 설명합니다.

간단한 정의

간단히 말해, 감정코칭은 감정 관리에 어려움을 겪는 아이와 소통하는 방법입니다. 아이들의 스트레스는 다양한 방식으로 나타날 수 있습니다. 즉 위축되거나 주의가 산만해 보이거나 무례하거나 방해되는 행동을 함으로써 함께 하는 활동에 참여할 수 없는 것처럼 보일 수 있습니다. 존 가트맨 박사는 감정코칭은 아이들이 자기가 경험하는 다양한 감정과, 왜 그런 감정이 생기는지, 어떻게 그 감정들을 다루어야 하는지를 이해할 수 있게 아이를 도와주는 것이라고 설명합니다(Gottman and DeClaire, 1997). 감정코칭은 특히 아이가 자신의 감정을 조절하도록 돕는 데 역점을 두고 있으며, 이는 아이가 행동하는 방식을 조절하는 데 도움이 될 수 있습니다. 감정코칭은 행동 자체가 아니라 행동을 일으키는 감정에 초점을 둡니다.

감정코칭은 어디에서 유래했을까요?

감정코칭에 대한 핵심 메시지는 이것이 만들어진[발명된] 것이 아니라 관찰[발견]되었다는 것입니다. 즉, 감정코칭은 사람들이 스트레스 받는 다른 사람과 의사소통할 때 자연스럽게 발생하는 방식입니다. 가트맨 박사와 그의 동료들(Gottman et al., 1997)은 어떤 부모들이 자녀에게 관여할 때 보이는 자연스러운 방식을 묘사하기 위해 '감정코칭'이라는 단어를 처음으로 만들었습니다. 그들은 대부분의 육아 연구에서 해오듯 부모가 자녀의 '행동'에 어떻게 반응하는지가 아니라, 부모가 특히 자녀의 '감정'에 어떻게 관여하는지에 관심을 두고 살펴보았습니다.

이 연구팀은 부모에 따라 자녀의 감정에 다르게 반응한다는 것을 알아차렸습니다. 그들이 '감정코칭형 부모'라고 이름 붙인 부모들의 반응이 자녀에게 여러 면에서 이점을 제공하는 것을 관찰하였습니다. 연구 결과에 따르면 부모로부터 감정코칭을 받은 자녀들은 다음과 같은 특징이 나타났습니다:

- 학교에서 학업 성취도가 높다.
- 인기가 더 많다.
- 행동 문제가 별로 없다.
- 감염성 질병에 덜 걸린다.
- 감정적으로 더 안정되어 있다.

• 회복탄력성이 더 높다.

예를 들어, 감정코칭을 경험한 아이는 충동을 제어하고, 감정이 상했을 때 스스로 진정하는 능력과 욕구충족을 지연할 수 있는 능력이 높았습니다. 이러한 기술은 감정과 행동을 조절하는 데 도움이 되며, 따라서 목표에 주의 집중을 더 잘할 수 있고, 주의를 산만하게 하는 것에 저항할 수 있습니다. 감정코칭을 받은 아이들이 친구가 더 많고 학교에서 더 잘하는 이유를 알 수 있습니다. 흥미롭게도 그 아이들은 건강이 더 좋아 보이는데 이유는 스트레스 반응을 더 쉽게 조절할 수 있기 때문입니다. 전반적으로, 감정코칭을 받은 아이들은 인생의 기복에 더 효과적으로 대처할 수 있는 것으로 보입니다.

감정코칭이 부모의 양육유형이라면 왜 학교에서 해야 할까요?

우리가 처음 감정코칭을 알게 되었을 때, 감정코칭이 [가정에서뿐 아니라] 어린이집, 학교, 청소년 센터에서도 아이들을 돕는 매우 유용한 전략이 될 수 있다는 것을 알았습니다. 그래서 연구를 통해 사회복지사와 건강 방문 관리자와 같은 지역 사회에서 일하는 담당자뿐만 아니라 다양한 학교와 영유아 보육교사들에게 미치는 영향을 이해하기 시작했습니다. 우리의 연구에 따르면 어른이 감정코칭을 사용할 때 아이와 어른 모두에게 긍정적인 영향을 미쳤습니다(Gilbert, 2018; Rose, Gilbert and McGuire-Snieckus, 2015; Gus, 2018a). 구체적으로 우리가 발견한 감정코칭의 긍정적 효과는 다음과 같습니다:

- 아이가 자신의 행동을 조절하고 개선하며 주인의식(ownership)을 갖도록 돕는다
- 아이를 진정시켜주고, 아이가 자신의 감정을 더 잘 이해하게 해준다.
- 교사가 아이의 욕구에 더 섬세하게 대처하는 데 도움이 된다.
- 아이의 행동에 대해 보다 일관된 반응으로 대할 수 있게 된다.
- 어떤 일이 벌어졌을 때 교사 스스로 더 '통제감'을 느끼는 데(feel more 'in control') 도움이 된다
- 어른과 아이 사이에 신뢰가 증진되어 긍정적인 관계를 촉진하는 데 도움이 된다.
- 학업 성취도가 가속된다(accelerate).

예를 들어 한 교사는 스트레스가 많은 상황에서 감정코칭이 아이들과 보다 효과적이고 일관되게 의사소통하면서 불안정한 상황을 완화하는 데 어떻게 도움이 되었는지에 대해 이야기하면서, "이로써 양측 모두에게 전체 상황이 덜 힘들게 느껴졌다"고 말했습니다. 어려운 정서적 상황을 관리하는 데 감정코칭을 사용함으로써 아이들의 웰빙뿐만 아니라 어른 스스로도 스트레스를 덜 받고 피곤함을 덜 느끼며, 자신들도 긍정적인 영향을 받았다고 합니다. 어떤 교사는 "감정코칭을 하는 동안 나 자신도 마음이 더 진정되어 기분이 좋았다"라고 말했습니다. 또 다른 교사는 "아이가 어떤 감정을 느끼는지 더 공감하게 되고, 보다 여유를 갖고 아이가 왜 화를 내는지 생각해보는 데 도움이 된다. 지금 감정코칭을 사용하기 때문에 아이들과의 관계가 훨씬 더 느긋해진 것 같다"고 말했습니다.

감정코칭은 무엇을 포함할까요?

가트맨 박사와 그의 동료들(1997)은 감정코칭에 기본 다섯 가지 요소가 포함된다고 합니다.

1. 아이의 반응을 알아차린다. 이것은 그들이 보이는 행동뿐만 아니라 그들의 감정을 알아차리는 것입니다. 아이가 스트레스를 느끼는 순간에 아이에게 관심을 향하는 것입니다.

2. [아이가] 감정적일 때를 친밀감과 가르침의 기회로 삼는다. 감정코칭은 고통스러운 상황을 긍정적인 방식으로 아이와 관계 맺는 기회로 여기고, 감정과 행동에 대해 아이가 배울 수 있는 시간으로 활용합니다.

3. 공감적 경청을 하고 아이의 감정을 수용(타당화, validate)한다. 이것이 감정코칭의 핵심 부분입니다. 어른이 아이의 말을 듣고, 공감하며, 아이가 어떻게 느끼는가에 대해 그럴 수 있다고 타당화해주는 것입니다.

4. 아이가 자신의 감정을 말로 표현하도록 도와준다. 이것은 단순히 아이가 느낄 수 있는 감정에 이름을 붙이는 것을 포함할 수도 있고, 그 감정에 대해 암시적이거나 아이가 스스로 느끼고 있는 것을 식별하도록 도와줌으로써 더 탐색해 볼 수도 있습니다. 연구에 따르면 감정에 이름을 붙이는 것은 감정 해득력을 키우고, 어려운 감정을 조절하는 데 도움되는 도구를 얻는 매우 효과적인 방법이 될 수 있습니다(Siegel and Payne Bryson, 2012).

5. 아이가 문제를 해결하도록 돕는 동안 한계를 설정한다. 감정코칭은 단순히 아이들이 느끼는 감정에 관여하는 것만이 아니라 학교 규칙을 배우고 아이들의 행동에 경계를 설정하는 것도 포함한다는 점에 주목하는 것이 중요합니다. 감정코칭은 한계를 설정하는 것뿐만 아니라

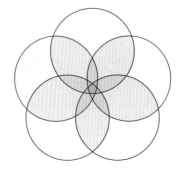

아이의 반응을 알아차린다.

아이가 문제를 해결하도록 돕는 동안 한계를 설정한다.

감정적인 시간을 친밀감과 가르침의 기회로 삼는다.

아이가 자신의 감정을 말로 표현하도록 도와준다.

공감하면서 경청하고 아이의 감정을 수용한다.

그림 2.1 감정코칭의 요소

아이의 감정을 관리하는 다양한 방법을 찾기 위해 아이와 함께 문제를 해결하는 것도 포함합니다. 이런 식으로 아이는 강한 감정이 정상적이며, 감정을 관리하는 방법을 배우면 강한 감정도 다스릴 수 있다는 것을 터득합니다.

우리의 연구에서, 아동 관련 종사자들은 감정코칭의 한계설정과 문제해결 요소에 더 큰 관심을 보이는 것을 보고, 처음에는 3단계 접근방식을 제안하였으나 4단계 접근방식으로 수정하였습니다(Gus and Woods, 2017, Rose, Gilbert and McGuire-Snieckus, 2015).

감정코칭의 단계:

1. 아이의 감정을 알아차리고 공감한다.
2. 감정을 수용하고 이름을 붙인다.
3. 행동에 대한 한계를 설정한다(필요한 경우).
4. 아이와 함께 문제를 해결한다.

이 네 단계는 다음 장에서 더 자세히 살펴보겠지만 너무 제한적으로 해석하지 않는 것이 중요합니다. 감정코칭은 엄격하거나 단계별 접근 방식이 아닙니다. 아이를 지지하고 자신의 감정과 행동을 조절하도록 돕기 위해 공감적으로 의사소통하는 방법입니다. 또한 다양한 상황에 매우 잘 적용됩니다. 예를 들어, 아이가 무언가에 대해 걱정하고 있는 상황에서 처음 두 단계만 활용해도 된다는 것을 경험할 수도 있습니다. 배려해주는 사람과 함께 아이가 느끼는 감정에 대해 이야기하는 것만으로도 안심하고 감정적 스트레스를 달랠 수 있습니다. 특히 큰 아이들은 3단계와 4단계가 필요하지 않거나, 원하지 않을 수 있습니다. 아마도 이미 학교 규칙을 알고 있어서 굳이 상기시킬 필요가 없을 것입니다. 십 대들은 흔히 어른들이 공감을 나타내고 자신의 감정을 인정하여 일단 진정되면 자신을 화나게 한 문제에 대한 해결책을 스스로 찾는 것을 선호합니다(Katz, Maliken and Stettler, 2012).

주목해야 할 또 다른 핵심 포인트는 3단계와 4단계가 반드시 엄격한 순서로 수행되거나 즉시 완료될 필요가 없다는 것입니다. 경우에 따라 3단계를 우선해야 합니다. 예를 들어 아이의 안전이 위태로울 때와 같은 경우에 말이죠. 특히 여러 불안한 사건에 개입하여 초반부터 행동을 중단해야 할 때는 1단계와 2단계로 이동하기 전에 아이가 진정되도록 도와야 할 필요가 있습니다.

아이와 감정코칭을 하는 것의 더 많은 실용성은 다음 장에서 고려되지만 이 단계에서 주의해야 할 마지막 요지는 때때로 시간이 지남에 따라 단계가 확대될 수 있다는 것입니다. 예를 들어 큰 아이들과는 나중에 4단계를 하면서 사건을 함께 되돌아보고 다른 해결책을 찾을 수도 있습니다.

행동이 아니라 감정에 공감하기

감정코칭을 실행할 때 일반적인 우려는 공감하는 대상이 '잘못된 행동'일 때 부정적인 행동을 지지하는 것처럼 보일 수 있다는 두려움입니다. "공감하는 것이 아이들이 나쁘게 행동해도 괜찮다고 생각할 거라는 뜻일까요?" 아닙니다. 감정코칭은 행동이 아니라 감정을 공감하고 인정하고 검증하는 것임을 기억하는 것이 중요합니다. 또한 감정코칭은 부적절한 행동에 한계를 설정하고 대안적인 행동 방식을 제공하기 위한 문제 해결에 관한 것임을 기억하십시오. 따라서 행동의 기저에 있는 감정은 인정할 수 있지만 행동 자체를 인정하는 것은 아닙니다.

또 다른 우려는 어른들이 잘못된 행동을 하는 아이에게 공감할 때 "약해 보인다"고 느끼며 통제력이 떨어질 수 있다는 것입니다. 아이들은 단호하게 반대한다는 것을 보이지 않으면 자신이 한 일이 잘못되었다는 것을 깨닫지 못할까 봐 걱정하는 것이지요. 그러나 다시 말하지만, 감정코칭에는 한계를 설정, 즉 무엇이 수용 가능하고 적절한 행동인지를 명확하게 하는 것, 아이가 다음에 '뚜껑 열릴 때' 다르게 행동하도록 돕는 것이 포함된다는 점을 인식하는 것이 중요합니다. 우리가 연구하는 동안 어떤 교사가 했던 말 중 가장 잘 기억에 남는 말 중 하나는 "제어가 더 잘 되면서, 덜 강압적으로" 느꼈다고 한 말입니다.

우리가 그 교사에게 좀 더 자세히 설명해달라고 요청했더니, 그분은 감정코칭을 통해 상황을 관리하고 자신의 권위를 유지할 수 있었지만, 자신의 힘을 주장하지 않고도 여전히 상황을 제어하는 통제감을 느꼈다고 설명했습니다. 이전에는 아이에게 '누가 상사인지', '처벌을 피할 수 없다는 것을 아이가 배워야 한다'는 본때를 보여줘야 했었다고 합니다. 그러나 이제는 교사가 아이들보다 더 위력적이어야 학습환경이 조성되는 게 아니라는 것을 깨달았다고 합니다. 감정코칭은 아이가 자신의 감정과 행동에 대한 제어감을 느끼는 것이므로, 스스로를 관리하도록 돕고 지도할 수 있습니다. 때로 아이의 행동을 즉각 멈추게 하려고 그냥 한번 화 내고 말아버리는 게 너무나 쉽기 때문에 감정코치가 되려면 내구력이 더 커야 한다"고 말했습니다.

감정코칭이 어떻게 어른 자신의 감정을 조절하는 능력에 영향을 미치고 도전적인 행동을 더 잘 관리할 수 있도록 도와주는지에 대해서는 제5장에서 더 자세히 알아볼 것입니다.

공감과 지도

감정코칭은 모든 행동을 의사소통의 한 형태로 봅니다. 따라서 아이의 행동과 그 행동 기저에 있는 감정을 구분하는 것이 중요합니다. 핵심 믿음은 모든 감정을 수용할 수는 있지만, 결과적 행동이 모두 다 적절하지는 않다는 것입니다. 감정코칭은 기본적으로 공감과 지도라는 두 가지 핵심 요소에 의해 주도되며, 이 두 요소는 어른들의 접근 방식의 버팀목입니다.

감정코칭은 '바로 이 순간(in the moment)' 전략으로서, 아이들의 어려운 감정을 관리하고 진정시키는 데 도움이 되며, 감정적 자기-조절의 발달을 도와주는 접근 방식입니다. 공감은 아이의 감정에 대한 자기 알아차림을 장려하기 위해 행동과 무관하게 아이의 감정을 알아차리고, 이름을 붙이고, 수용하는 것을 포함합니다. '마음을 헤아려주는(mind-minded)' 어른들은, 즉 어린 아이들의 생각과 감정에 공감하는 어른들은 아이들이 자신의 감정과 행동을 이해하는 발판을 마련하는 데 도움이 될 수 있습니다.

앞서 언급했듯이 아이나 상황에 따라 크게 달라지며, 허용 가능한 행동 및 한계 설정에 대한 지침이 필요할 수도 있습니다. 이것은 적절한 행동이 무엇인지 명확하게 말해주는 것을 포함할 수 있습니다. 일종의 제재와 같은 결과적 조치로 이어질 수도 있는데, 상황과 아이에 따라 크게 다르며, 트라우마를 겪은 아이에게는 간단한 제재 사용을 고수하지는 않습니다. 감정코칭은 통제보다는 긍정적인 지도를 수반합니다. (아이가 반응을 보인다면) 아이와 함께 문제를 해결하는 것이 자기-조절법을 배우고, 더 바람직하고 효과적인 행동 결과를 촉진하고, 미래의 위반을 예방하는 다른 행동 방식을 찾는 능력을 키우는 데 도움이 됩니다.

감정코칭은 행동적 접근이 아니라 관계적 접근 방식이다

우리 모두는 행동 수정을 위해 흔히 보상과 처벌을 사용하는 데 익숙합니다. 아마도 여러분의 환경이나 학교는 행동을 통제하기 위해 보상 차트를 사용하거나 정학, 심지어 퇴학을 시키기도 합니다. 이러한 종류의 전략은 근본적인 원인보다는 행동에 초점을 맞춥니다. 보상과 처벌의 사용은 행동이 긍정적 강화와 부정적 강화를 통해 통제되고 수정될 수 있다는 전제에 기반한 소위 '보상과 제재 시스템'으로 번역됩니다. 따라서 일반적으로 이를 '행동주의적' 접근(behavioral approach) 방식이라고 합니다[비록 이 시스템의 기반이 되는 스키너(Skinner, 1953)의 작업은 종종 잘못 해석되기는 하지만요].

행동주의적 접근법을 뒷받침하는 가정은 아이가 자신의 행동을 통제하고 사건에 대한 반응을 의식적으로 선택할 수 있다는 것입니다. 그러나 감정 발달에 대한 이해와 두뇌의 '위층'과 '아래층'에 대한 최신 이론(Siegel and Payne Bryson, 2012)은 강한 감정을 경험하는 아이는 자신의 행동에 대해 합리적인 선택을 하지 못할 수 있음을 시사합니다.

행동주의적 접근법은 행동의 결과를 예상하고 이해하는 아이의 능력뿐만 아니라 만족을 지연시키거나 타고난 정서적 요구를 조절하려는 욕구와 능력에 의존합니다−사실 어떤 아이들은 이 능력이 아직 발달되지 않았을 수도 있습니다. 또한 취약한 아이들도 있는데, 이들은 온전히 기능하는 합리적 마인드에 의존하는 행동 관리 체계에 대한 반응 능력이 안전과 안정을 느끼는 우선 순위에 압도당하는 경우가 있습니다. 따라서 도전적이거나 조절되지 않은 행동은 일부러 선택해서가 아니라, 사건과 관련된 감정적 반응을 이해하고 관리하기 어렵다는 사실의 반영일 수 있습니다. 행동을 계속 제재하는 것은 행동을 뒷받침하는 감정을 이해하는 아이의 능력을 지지하는 데 아무런 도움이 되지 않으므로 그 행동이 계속해서 나타납니다(Parker, Rose and Gilbert, 2016). 이는 영국에서 정학과 영구 퇴학당하는 학생 수가 증가하는 것으로 반영됩니다(Parker et al., 2016).

초등학교 교사와 부모는 '스티커'의 유혹은 시간이 지나면 효력이 퇴색된다는 것을 알고 있습니다. 그리고 '요주의 인물 보드'에 아이의 이름을 올리는 것이 위험한 행동을 방지하지도 못하는 것 같고, 심지어 어떤 아이는 이름 적힌 것을 자랑거리로 삼기도 합니다. 중등 교사들은 알 것입니다. 방과 후 남게 한다고 해서 문제 행동을 항상 막을 수도 없고 또한 보상받을 마음도 없기에 계속 규칙을 어기는 학생들이 있다는 것을요. 어떤 아이들에게는 보상과 제재 시스템이 그들의 행동을 격려하거나 이끌어주지도 못하고, 감정을 조절하거나 새로운 행동 방식을 배우는 데에도 불충분합니다(Rose, McGuire-Snieckus and Gilbert, 2019).

비록 학교 행동 관리 정책은 행동주의적 접근이 지배적이기는 하지만, 학교들은 점점 더 관계적 접근(relational approach)이 오히려 효과적일 수 있음을 깨닫고 있습니다. 사실 보상과 처벌이 통하지 않는 아이들에게 다가감으로써 더 진전할 수 있습니다(Gus et al., 2017). 다음은 감정코칭이 보상과 처벌 접근법보다 더 효과적으로 작동하였던 한 어린이집의 세 살배기 아이의 예입니다.

이전에는 '타임아웃' 제도를 사용했고, 아이가 떼를 쓸 때마다 '떠드는 아이' 게시판에 이름을 올리고 '타임아웃 의자(생각하는 의자)'에 앉혔 습니다. 아이는 지칠 때까지 한 시간 동안이나 저항하고 계속 비명을 지 르곤 했습니다. 직원들은 화가 났고 그 아이의 비명 소리가 다른 아이 들까지 짜증나게 했습니다. 감정코칭 교육을 받은 후 직원들은 '슬픈 얼 굴' 차트로서 세 살배기에게 공개적으로 수치를 주는 것이 자기-조절 을 배우는 데 가장 효과적인 방법이 아닐 수 있다는 것을 알아차리게 되 어, 그걸 떼어버렸습니다. '생각하는 의자'가 '진정하는 의자'로 이름이 바뀌었습니다. 이제 어떤 선생님은 아이가 '뚜껑이 열렸을 때' 함께 앉 아 아이가 진정될 때까지 아이를 달래고 공감하였습니다. 그런 다음 이 모티콘(감정) 카드를 사용하여 아이가 느끼는 감정에 대해 이야기하고 아이가 짜증날 때 진정 의자에 가서 좀 앉아 있도록 하였습니다. 일관된 감정코칭으로 이 아이가 화를 내는 행동을 완전히 멈추기까지 약 3개월

감정코칭은 내적 조절을 개발하는 관계적 접근 방식이다

- 외적 프레임워크
- 외적 조절

- 내적 프레임워크
- 내적 조절

제재와 보상
행동주의적 관리 정책

감정 코칭
행동－조절 정책

그림 2.2 행동주의적 vs 관계적 접근(ⓒ EMOTION COACHING UK)

이 걸렸지만, 보육교사들은 감정코칭 접근 방식을 사용하면 아이가 훨씬 더 빨리 진정되고 화를 내는 빈도가 일주일 이내에 감소한다는 것을 즉시 알 수 있었습니다.

관계적 접근은 마음을 진정시키고 차분하게 하는 아이의 내적조절체계와 함께 작동하여 뇌와 신체가 학교 규칙을 듣고 합리적이고 이성적인 문제 해결을 수용하도록 합니다.

일부 교육 환경은 행동에 대한 생각을 바꾸었고 학생 행동을 관리하기보다는 함께-조절을 통해 감정과 행동 조절 촉진을 목표로 하는 학교 정책을 개발하고 있습니다(Gus et al., 2017). 이는 관계적 행동 정책 또는 자기-조절 정책(Ahmed, 2018)으로, 자기-조절은 시간이 지남에 따라 연습하고 배워야 하는 기술임을 인정합니다. 예를 들어, 우리는 아이들에게 읽기와 쓰기를 가르치는 데 몇 년을 보내며 아이들이 도중에 실수할 수 있음을 인정하고 읽기 · 쓰기 기술을 습득하기가 더 어렵다고 느끼는 사람들을 위해 추가 지원을 제공합니다. 감정코칭과 같은 관계적 접근 방식의 근본적인 믿음은 아이가 특정 상황에서 자신의 행동을 유발하는 감정을 이해하거나 관리하지 못할 수 있다는 것입니다. 그러나 잘 조율된 어른의 지지를 받으면 이러한 이해를 발전시키고 감정을 조절하여 행동을 개선할 수 있습니다. 아이들은 다른 행동 방식을 더 잘 받아들이고, 학교 규칙과 학습에 참여할 수 있도록 스스로를 충분히 조절할 수 있는 권한을 얻습니다.

우리 연구에서 특히 흥미로운 결과 중 하나는 감정코칭이 전략으로 채택된 후 한 중등 학교에서 보상과 제재의 필요성이나 사용 빈도수가 줄었다는 것입니다(Rose, Gilbert and McGuire-Snieckus, 2015). 이 증거가 함축하는 바는 단지 행동을 수정하기보다 행동의 기저에 있는 감정에 초점을 두는 것이 보상과 제재를 줄이고도 행동을 변화시킬 수 있는 데 도움이 된다는 뜻입니다.

감정코칭은 매우 관계적인 접근 방식입니다. 이 장의 앞부분에서 보았듯이 감정코칭은 긍정적인 인간관계, 공감적 소통을 통해 어른과 아이 사이에 안전과 신뢰를 만들어 가는 것입니다.

억압형, 축소전환형, 자유방임형

감정코칭의 특성을 분별하는 또 다른 방법은 무엇이 감정코칭이 아닌가를 이해하는 것입니다. 가트맨 박사와 그의 동료들(1997)이 초기 연구를 수행하고 감정코칭형 부모를 규명했을 때 그들은 또한 부모가 자녀의 감정에 관여하는 다른 방식, 즉 세 가지 다른 양육 유형이 있음을 발견했습니다.

억압형

행동 관리의 **억압형**(disapproving style)은 감정을 나약함이나 개인 통제 부족의 표시로 본다는 것입니다. '억압형' 어른은 공감 능력이 부족하고 감정 표현에 비판적이며 무관용적일 수 있습니다. 그들은 어려운 감정들, 예를 들어 놀람, 두려움, 분노, 슬픔 등을 징계, 질책 또는 처벌로써 제거하려고 합니다. '억압형' 사람들은 행동을 유발하는 감정보다는 아이의 행동에 초점을 맞춥니다. 이럴 때 아이들의 감정 표현은 일종의 영악하거나, 반항적이거나 혹은 나쁜 성격의 표시로 간주됩니다. 억압형의 행동 관리 전략은 아이를 통제하거나, 권위를 되찾거나, '세게 키우려는(toughen up)' 필요에 의한 것이며, 일반적으로 독단적이고 엄격하며 화난 어조로 표현합니다. 단기적으로는 성공적으로 보일 수 있지만, 억압형 어른은 아이에게 분노 반응을 본받게 합니다. 아마도 이것은 아이의 정서적 이해 또는 신뢰 관계를 발달하게 하는 데 가장 비효과적인 방법일 것입니다.

축소전환형

행동 관리의 축소전환형(dismissing style)은 의도가 좋을 수 있지만 감정을 무시하고 상황을 전환하거나 다른 기술을 이용하여 상황을 개선하고자 하는 욕구에 의해 주도됩니다. 축소전환형 어른들은 감정과 아이들의 감정 표현을 사소하거나 하찮은 것으로 볼 수 있습니다. 분노와 슬픔과 같은 감정은 '어서 극복'해야 하는 것이라 합니다. 이들은 그런 감정에 주의를 기울이면 감정 상태가 더 악화되고 연장될 것이라고 생각합니다. 따라서 '축소전환형'은 아이의 감정에 관여하지 않으며 그 중요성을 무시, 최소화 또는 '가볍게 여기고', 그 감정을 막으려 합니다. 주로 아이의 기분을 좋게 하기 위해 논리, 주의 전환 또는 보상에 의존할 수 있습니다. 가장 흔히 하는 말은 "걱정하지 마", "다 컸잖아", "괜찮아, 괜찮을 거야", "자, 과자 먹자" 혹은 "대신 이 장난감을 가지고 놀자." 등일 수 있습니다. 문제 해결은 없는 것이죠.

억압형과 축소전환형을 구별하는 것이 중요합니다. 축소전환형이 좀더 따뜻하고 공감적인 반응으로 나타나기 때문입니다. 실제로 축소전환형의 동기는 주로 아이를 돕고 구해주려는 갈망입니다. 가트맨 박사와 동료들(1997)은 이 유형이 가장 일반적인 양육유형이며 우리의 연구에서도 교사들이 가장 일반적으로 갖는 유형임을 발견했습니다(Rose, Gilbert and McGuire-Snieckus, 2015). 축소전환형은 억압형보다 더 부드럽고 덜 독재적이지만, 아이가 나름대로 느끼는 방식과 이유를 연결하는 것이 허락되지 않습니다.

자유방임형

자유방임형(laissez-faire style)은 공감과 이해에 의해 주도되며 모든 감정 표현을 자유롭게 허용하며, 어려운 감정을 겪는 아이에게 쉽게 위안을 줍니다. 하지만 이것은 아이에게 자신의 감정이나 느낌을 관리하는 방법을 가르쳐주지 않습니다. 제한을 두거나 문제를 해결하도록 돕지 않고 허용적이기만 합니다. 감정에 대해 할 수 있는 일이 거의 없는 상태에서 감정을 '제거'하거나 '해소'해야 한다는 느낌이 있습니다. 자유방임적인 사람들에게는 어렵고 도전적인 감정은 물처럼 흘려보내면 되는 간단한 문제이며 그렇게 풀어내면 할 일을 완수한 것으로 알고 있습니다. 따라서 축소전환형처럼 자유방임형은 따뜻하고 좋은 의도인 것 같지만 한계가 설정되지 않고 조절력 향상을 위한 문제 해결을 모색하지 않습니다. 따라서 아이의 감정에 거의 관여하지 않으며 본질적으로 아이를 그냥 '울도록' 내버려둡니다. 함께 조절하고 도움이 되는 스스로 진정하는 전략을 배우기보다는 말이죠. 이 유형을 경험하는 아이들은 인생의 기복에 대처하기 위한 전략이 더 적으며 도전에 대한 준비가 거의 안 된 상태로 자랄 가능성이 높습니다.

억압형, 축소전환형, 자유방임형의 영향

비록 억압형, 축소전환형, 자유방임형 접근이 효과가 있고 용납할 수 없는 행동을 일시적으로 중단할 수는 있지만 이러한 유형의 상호작용을 경험하는 아이가 반드시 자신의 감정을 이해하고 신뢰하는 법을 배우거나, 감정과 행동을 구별하는 것을 배운다는 뜻은 아닙니다. 이런 유형이 아이들에게 전하는 메시지는 아이들이 느끼는 것이 정상적이지 않고 '옳지 않다'는 것, 그리고 아이들의 평가가 틀렸고 그렇게 느끼면 안 된다는 것입니다. 이것은 아이들에게 고립감을 느끼게 하고 아무도 그들을 도와주지 않는 것처럼 느끼게 할 수 있습니다. 타고난 것(innate)이며 자연스러운 감정을 억제하면, 이는 통제되지 않은 조절 장애로 대체되거나, 감정의 강도를 줄이기 위해 주의를 다른 데로 돌리거나, 보상에 의존하게 됩니다.

감정을 경험하고 배울 수 있는 기회가 주어지지 않기 때문에 수치심과

분노처럼 도움이 되지 않는 감정을 더 많이 유발할 수 있습니다. 비감정코
칭형이 어떻게 아이들에게 억울함을 조장하는지 15살의 이찌와의 대화에
서 볼 수 있습니다.

> 이찌는 체육 시간에 학교 체육복이 아닌 점퍼를 입었다가 점퍼를 벗거
> 나 벗기 싫으면 체육 수업에 참여하지 말라는 체육교사에게 짜증이 났
> 습니다. 이찌가 추워서 입었으며, 수업에 참여하고 싶다고 반항을 하자
> 선생님은 일관되게 그 두 선택권을 제시하였습니다. 결국 이찌는 소란
> 을 피우지 않고 조용히 앉아서 수업을 관찰했습니다. 선생님이 "아 성
> 공했다! 나는 확고하고 일관성이 있었고 좋은 결과를 얻었어. 다음에도
> 또 이 방법 써먹어야지"라고 생각하셨다면, 그것은 '잘못된' 방법입니
> 다. 이찌는 그 자리에 앉아 수업을 보면서 "선생님 좀 봐, 따뜻한 후드
> 티에 털옷 추리닝을 입고 계시잖아. 선생님은 춥지 않으시겠지만, 내가
> 추워서 점퍼를 입었는데 날 이렇게 만든다고… 이건 너무 불공평해!"
> 이찌와 체육 교사의 갈등과 대치 상태는 지속되었습니다.

아이의 감정적 표출에 반응할 때 어른들이 주로 선호하는 접근방식은
억압형, 축소전환형, 감정코칭형입니다. 이것을 우리의 최초 파일럿 연구
(Rose, Gilbert and McGuire-Snieckus, 2015)의 사례자인 매튜의 이야기에서
볼 수 있습니다.

> 9살 매튜는 학업에 집중하기 어렵고 쉽게 산만해져서 주의력결핍과잉
> 행동장애(ADHD)로 의심되는 아이였습니다. 아이는 자주 새로운 것에
> 자극을 받고 싶어 하고 위험 감수를 좋아한다고 묘사되었습니다. 이것
> 은 특히 쉬는 시간에 벽 타기 같은 새로운 모험을 시도함으로써 학교 규

칙을 어기곤 하는 것으로 더욱 두드러졌습니다. 점심시간에 아이들을 감독하는 세 명의 감독 선생님들이 있었습니다. 매튜의 도전적인 행동에 감독 선생님들의 반응은 가트맨 박사가 규명한대로 억압형, 축소전환형, 그리고 자연스러운 감정코칭형으로 나뉘어졌습니다.

학교 측은 억압형 감독 선생님이 매튜가 학교 벽을 기어오르는 것과 같은 잘못된 행동을 했을 때 아이와 어떻게 직면하는지 설명했습니다. 어떤 감독 선생님은 매튜가 규칙을 어긴 것에 대해 거부감을 느껴 '나무랐을' 테고, 심지어 벽에서 떨어져 다쳤을 때라도 그랬을 것입니다.

축소전환형 감독 선생님이라면, 매튜의 감정에 대해 뭐라 할 때 ("사내아이들은 다 저렇다니까", "얘야, 넌 아기가 아니야" 유형의 표현) 감정 표현을 대수롭지 않게 보거나, 나름의 유머와 심지어 비웃음을 사용하기도 하면서 아이의 어려운 감정 상태를 무시하려는 경향을 보였을 것입니다.

감정코칭형 감독 선생님은, 그 아이가 왜 그렇게 하고 싶어 했는지 이해는 하지만 아이들 모두 놀이터 규칙을 따라야 하므로 모두에게 안전한 다른 방법이 무엇인지 알아보자고 말함으로써 그 아이와 감정적으로 연결했습니다. 그 감독 선생님의 소통하는 방식은 공감적이었고, 아이의 감각자극 욕구를 수긍하였지만 그럼에도 여전히 한계가 무엇인지 분명히 했습니다. 감독 선생님은 매튜가 '재미있으나 위험한 일'을 하고 싶을 때 어떻게 느꼈는지에 대해 이야기할 수 있었고 아이와 함께 그 대신에 할 수 있는 더 안전하면서도 같은 정도의 자극적인 게임을 찾을 수 있었습니다.

이 사례 연구에서 주목할 점은 매튜가 감정코칭 감독자에게 더 잘 반응했다는 것입니다. 아이는 그 선생님의 지시를 더 쉽게 따랐고, 위험을 감수하는 행동을 덜 보였으며, 선생님과 함께 즐겁게 게임에 참여했습니다. 다른 감독들이 그와 함께 게임을 하려고 했을 때는 아이가 꺼리거나 거부했습니다.

이 이야기는 감독 선생님이 감정코칭을 통해 매튜와 신뢰 관계를 구축할 수 있었고, 따라서 그가 놀이터 규칙에 대한 도전을 건설적으로 관리하도록 도울 수 있었다는 것을 보여줍니다.

함께-조절

감정코칭과 관련된 핵심 프로세스는 함께-조절입니다. 아이의 감정 상태에 공감하여 부적절한 행동을 보일 때에도 우리는 아이가 진정되고 자기-조절을 배울 수 있는 즉각적인 관계 지지 구조를 제공합니다. 이는 아이 학습의 다른 모든 측면을 지지할 수 있는 지지대를 쉽게 제공합니다. 예를 들어 아이들과 함께 이야기함으로써 아이들이 말하는 법을 배우도록 돕습니다. 이렇게 이야기하면서 도움을 주면 아이들이 참여하고, 이해하고, 반응하고, 자신의 단어를 분명하게 표현하기 시작하게 됩니다. 감정코칭을 통해 아이들이 자신의 감정과 감정 조절법에 대해 배울 수 있도록 비슷한 디딤판 만들어주기(scaffold)와 서술하기(narrative)를 제공합니다. 함께-조절은 다른 사람과 함께 감정과 행동을 조절하도록 도와주는 것을 포함합니다. 여기에는 다른 사람들이 자신의 감정, 행동 및 생각을 이해하고 표현하고 조절할 수 있도록 지지, 코칭 및 모델링을 제공하는 따뜻하고 반응적인 상호작용이 포함됩니다. 감정코칭은 다른 사람이 진정하는 법을 배우도록 도와주는 단계적 디딤판처럼 작동하기 때문에 함께-조절 전략입니다.

아이가 자기-조절을 하고 더 나은 미주신경 탄력성을 발달시키는 데 함께-조절이 얼마나 중요한지를 이해하기 위해 도움이 되는 최근의 신경과

학적 증거를 다시 한번 살펴보겠습니다. 이전 장에서 미주신경 탄력성이 스트레스를 조절하는 데 중요한 역할을 한다고 언급한 것을 기억해보세요. 가트맨 박사(1997)의 연구에서는 감정코칭이 미주신경의 작동에 효과적인 영향을 미치는 것으로 나타났으며, 이는 감정코칭 기법이 미주신경을 활성화하여 뇌와 신체가 진정되도록 돕는 데 도움이 된다고 제시합니다. 반복적인 함께-조절 경험을 통해 아이들은 미주신경 탄력성을 강화할 수 있습니다.

양호한 미주신경 탄력성은 웰빙과 노년의 스트레스 반응에 직접적으로 도움이 되는 것으로 보입니다(Porges, 2011). 아이들의 두뇌와 신경계는 아직 형성되는 중이므로 관계자와 부모가 아이가 양호한 미주신경 탄력성을 발달시킬 수 있도록 돕는 것이 특히 중요합니다. 가트맨과 디클래어(DeClaire, 1997)는 이것을 설명하는 데 유용한 은유를 제공합니다－"근육의 탄력성이 좋은 아이가 스포츠 활동을 잘하는 것처럼 미주신경 탄력성이 좋은 아이가 감정적 스트레스에 더 잘 반응하고 회복한다"라고 말이죠.

공감 모델링

거울식 반영법에 대한 비교적 최근의 뇌과학적 발견을 고려할 때 사람들의 적절한 정서적 반응 모델링은 특히 중요합니다. 제1장에서 이 거울식 반영법은 단순히 다른 사람들이 의도적인 행동을 수행하는 것을 보고 그 사람의 행동을 모방할 때 활성화된다는 것을 기억할 것입니다. 따라서 거울식 반영법(mirroring)은 우리가 다른 사람의 행동을 모방할 수 있게 하여 다른 사람과 의사소통하기 위해 행동을 복제할 수 있도록 하는 것과 같습니다. 행동 관리와 관련하여 일부 신경 과학자들은 거울식 반영법이 다른 사람을 모방하고 그 사람의 의도를 이해하는 능력을 구축함으로써 공감과 사회화를 위한 빌딩 블록(건축자재)을 제공한다고 생각합니다(LePage and Theoret, 2007).

따라서 다른 아이를 밀친 아이를 돕고자 화난 표정과 목소리 톤, 손가락을 흔드는 식으로 반응하면 아이의 뇌에 있는 거울식 반영법이 같은 반응을 모방하려고 할 가능성이 큽니다. 이것은 우리가 이미 화를 내고 조절을 잘 못하는 아이에게 전달하고자 하는 것과 정확히 반대입니다. 대신에, 아이의 감정 상태에 대한 더 차분하고 더 공감적인 반응을 모델링함으로써 더 공감적인 행동이 촉진될 것입니다. 이런 식으로 우리는 아이가 다른 아이를 밀치는 즉각적인 욕구를 억제할 필요성을 이해하도록 하고, 그 아이가 보다 친사회적 참여를 발달시킬 수 있도록 도울 수 있습니다. 다시 말해 공감하기 위해서는 먼저 공감을 경험해봐야 합니다.

배런-코헨(Baron-Cohen, 2011)은 공감에는 효과적인 개인 인식 및 대응 기술이 필요하며 아직 완전히 이해되지 않은 다양한 차원을 갖는 복잡한 과정이라고 언급합니다. 공감은 감정적 공감, 인지적 공감, 연민적 공감의 세 범주로 분류될 수 있습니다.

정서적 또는 감정적 공감은 정서적 연결을 통해 다른 사람의 감정을 공유할 수 있는 것입니다. 인지적 공감은 다른 사람이 어떻게 느끼고 생각하는지 이해하는 능력과 관련이 있습니다. 연민적 공감은 다른 사람을 지지하기 위해 행동을 취하려는 욕구를 포함합니다(Baron-Cohen, 2011; Goleman, 2007).

우리는 감정코칭이 공감적으로 인식하고 대응하는 기술을 개발하는 데 적합한 수단이라고 제안합니다. 감정코칭은 아이의 감정을 알아차리고(정서적 공감), 아이의 관점을 이해하고, 경험을 검증하고(인지적 공감), 다른 사람과 협력하여 아이를 돕는(연민적 공감) 공감의 세 가지 차원을 촉진합니다.

감정코칭의 메시지

아이들이 감정코칭을 경험할 때 받는 메시지는 우리 모두는 감정이 있고, 감정은 모두 자연스러우며 정상적이라는 것입니다. 이런 감정들은 우리의 소망과 욕망을 알려주며, 이 또한 정상적인 것입니다. 그러나 감정은 조절되고 건설적으로 표현되어야 할 필요가 있으며 우리의 모든 바람과 소망이 충족되지 않을 수 있습니다. 감정코칭은 아이에게 혼자가 아니라는 것, 그들이 받아들여지고, 지지되고, 가치롭고, 배려받고, 이해되고, 신뢰받고, 존중받는다는 것을 전달합니다.

감정코칭은 아이들이 스스로 문제를 해결할 수 있을 만큼 충분히 차분하고 안전하다고 느끼도록 격려함으로써 아이들의 학습을 지원합니다. 따라서 감정코칭을 통해 아이는 공감하고, 다른 사람의 감정과 사회적 신호를 읽고, 충동을 통제하고, 스스로를 진정시키고, 자기-조절하고, 만족을 지연하고, 스스로에게 동기를 부여하고, 인생의 기복에 탄력적으로 대처하도록 배웁니다. 또한 자기통제를 통해 갈등을 평화롭게 해결할 수 있는 방법을 보여주고 문제 해결 능력과 웰빙을 구축합니다.

우리는 앞서 시겔(Siegel, 2012)이 웰빙을 개발하고 유지하기 위해 뇌와 신체의 다른 부분 내에서 의사소통과 통합의 중요성을 강조한 방법을 보았습니다. 감정코칭은 변연계와 스트레스 반응을 진정시키는 것뿐만 아니라 어른과 아이가 연결하고, 아이로 하여금 변연계와 전두엽을 재연결할 수 있도록 하는 데 특히 효과적인 것으로 보입니다. 그러면 통합된 방식으로 경험을 처리할 수 있습니다.

감정코칭은 다음을 통해 아이가 자신의 감정과 결과적 행동을 스스로 조절하는 법을 배우도록 돕는 효과적인 전략을 어른들에게 제공합니다.

- 공감적 지지를 통하여 보다 진정된 반응을 촉진하기
- 아이들의 감정상태를 알아차리고 양호한 미주신경 탄력성을 구축해 줌으로써 자기 진정을 도울 수 있게 하는 함께-조절하기
- 감정적 순간을 감정과 행동에 대한 자기 관리의 단계적 디딤판으로 마련하는 기회로 삼기

감정코칭은 어린 아이들이 감정을 스스로 알아차리고, 행동에 대한 긍정적인 자기-조절을 촉진하고, 보다 잘 키워주는 관계를 만듭니다. 이렇게 자양분을 주는 관계 속에서 어린 아이들은 정서적 자기-조절을 지원해주는 배려심 있고 신뢰할만한 어른들과의 맥락에서 보호받고 위안받고 안전함을 느낄 수 있습니다. 한 교사가 말했듯이, "감정코칭은 아이들이 더 안전감을 느끼고, 과잉행동으로 표출하는 대신에 자기가 느끼는 감정을 말할 수 있는 감정 어휘를 제공해줍니다. 이로써 아이들이 더 긍정적이고 행복해질 수 있게 됩니다."

CHAPTER 03

감정코칭 방법

감정코칭의 4단계

이 장에서는 감정코칭을 실제로 '하는' 방법을 살펴볼 것입니다. 여러분은 가트맨 박사와 그의 동료들이 감정코칭의 단계를 다음과 같이 규명하였다는 것을 기억하실 것입니다: 아이의 반응을 알아차리기, 정서적 시간을 친밀함과 가르침의 기회로 인식하기, 아이가 느끼는 것을 공감적으로 경청하고 수긍하기, 아이가 감정을 말로 표현하도록 돕고, 한계를 설정하기, 아이의 문제 해결을 돕기. 연구를 하면서, 우리는 바쁜 어른들의 경우 위의 5단계를 4단계로 줄이는 것이 도움된다는 것을 알게 되었습니다.

1단계 : 아이의 감정을 알아차리고 공감한다.
2단계 : 감정에 이름을 붙이고 수긍한다.
3단계 : 필요한 경우 행동에 한계를 설정한다.
4단계 : 아이와 함께 문제를 해결한다.

감정코칭의 각 단계를 통하여 작업하면서, 모든 단계가 순간적으로 완료되거나 항상 순서대로 진행되는 것이 모든 상황에 적합하거나 필요한 것은 아님을 설명할 것입니다. 단계와 순서를 결정하기 위해서는 아이의 감정적 순간과 맥락을 현실적으로 평가할 수 있어야 합니다. 하지만 1단계와 2단계가 우선 순위이며 아이가 진정되도록 지원하는 데 필요한 것임을 강조합니다.

그 이유는 아이를 인정하고 이해하고 공감적으로 소통할 때 어른은 아이의 정서적 욕구(needs)에 '조율(attune)'하며, 아이는 어른의 시선 안에 있고 안전하다는 느낌을 키워줄 수 있기 때문입니다. 고통의 순간에 어른과 아이 사이의 조화로운 관계는 아이의 마음에 영향을 미치고, 마음을 정리하여 그 순간에도 스스로 조절할 뿐 아니라, 조절의 역량을 키워내고, 미래에 사용할 기술을 습득할 수 있습니다(Schore, 2000). 조율된 관계는 아이가 언제 당신의 정신적, 육체적 지원이 필요한지, 아니면 언제 혼자 있어야 할지를 아는 것도 포함합니다. 따라서 조율의 뿌리에는 아이의 니즈를 나타내는 언어적·비언어적 신호를 읽을 수 있는 어른의 능력과 적절하게 대응하고 지원하는 도구와 기술이 있습니다. 감정코칭의 네 단계는 조율된 관계를 전달하는 수단이자 지속적으로 유지하는 방법이라고 볼 수 있습니다.

1단계 : 알아차리고 공감하기

심판관이 아니라 탐정이 되십시오

감정코칭의 첫 번째 단계는 아이에게 무슨 일이 일어나고 있는지 알아차리는 것입니다. 아이들의 행동 저변에 있는 그 행동을 나오게 하는 감정을 인식하십시오. 그 순간 아이는 무엇을 느끼고 있을까요? 행동은 의사소통의 한 형태입니다. 아이에게 감정을 느끼게 하는 어떤 일이 일어났거나 일어날 예정을 알려주는 정보인 거죠. 빙산으로 나타낸 비유적 그림(그림 3.1)은 이것을 설명하는 데 도움이 될 것입니다: 즉 당신이 보고 있는 행동이

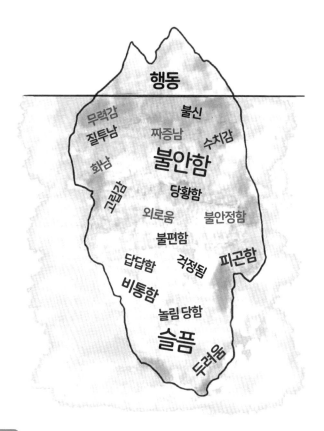

그림 3.1 감정빙산

빙산의 제일 윗부분이고 그 밑에 보이지 않은 훨씬 더 큰 얼음 덩어리가 숨겨져 있습니다. 아이의 행동이 모든 이야기를 드러낸다고 추측하지 마십시오. 행동은 기저에 깔린 복잡한 감정 덩어리에 의해 주도됩니다. 감정은 행동을 일으키기 때문에 우리가 아이를 지지하려면 그 밑에 숨어 있는 감정을 알아내려고 노력해야 합니다.

행동이 옳은지 그른지 판단하는 심판관보다는 탐정이라고 생각해 보십시오. 아이가 느끼는 감정을 이해하는 데 도움이 되는 단서가 있습니까? 아이가 느끼는 감정의 신체적 또는 비언어적 징후를 찾을 수 있을 텐데, 이는 의사소통의 대부분이 비언어적이기 때문이죠. 표정, 몸의 긴장, 몸짓 및 자세에 주목하십시오. 아이가 무기력하고 축 처져 있나요? 아이의 얼굴이 발갛게 상기되었나요? 미간을 찌푸리고 입은 뾰루퉁해 있나요? 몸은 뻣뻣한가요? 시선을 아래로 향하고 있나요? 비언어적 단서는 우리에게 어떤 감정이 느껴지고, 어떤 강도인지에 대한 정보를 제공하여 의미와 맥락을 알려줍니다.

아이가 지금 처한 상황도 생각해보세요. 어른의 관점에서, 그 아이가 과잉 반응을 하거나 부적절하게 행동하고 있다고 느낄 수 있지만, 그 아이가 그렇게 힘들게 느끼는 원인은 무엇일까요? 아이의 입장이 되어 아이의 관점을 받아들일 수 있는 것이 중요합니다.

전문 지원 교사인 조앤은 다음과 같이 회상합니다.

한 청소년이 학생 의뢰 센터에 도착하는 것을 보았습니다. 그는 후드를 덮어쓰고 출입문 옆에서 웅크리고 앉아있었습니다. 한 교직원이 부드럽게 달래면서 그를 교실로 들어오게 하려 했지만 그는 벽과 문을 박차고 욕하는 반응을 보였습니다. 선생님이 수업 참여를 권하자 그는 점점 분개했고, 더 구석으로 가서 벽을 발로 차며 더 심하게 욕을 하였습니다.

그 청소년은 집을 떠나면 생기는 불안증의 병력이 있었고, 나는 다른 학생들이 보이는 감정적 욕구로 인하여 학생 의뢰 센터의 환경이 그에게는 위협적으로 느껴질 수 있다는 점에 공감할 수 있었습니다. 그 청소년이 약간의 신체적 공격성을 보이는 동안, 나는 이것이 어른들을 몰아내려는 동작이라고 느꼈습니다. 그의 주요 감정이 수업에 참여하는 것에 대한 두려움과 불안이라고 느꼈습니다. 그는 계속 문 옆에서 대화를 하면서 여기에 있고 싶지 않고 집에 가고 싶다고 말했습니다.

힘의 기반 구축하기

아이가 강하고 어려운 감정을 경험할 때는 진정시키는 것이 우선입니다. 이런 감정적 응급처치(emotional first aid)는 아이가 더 차분해지고 지시에 더 잘 반응하도록 도와주며, 아이의 사고가 뇌의 이성적인 부분 또는 '위층'에 다시 재연결될 수 있게 해 줍니다. 실제로 가트맨 박사와 디클래어(1997)는 "아이들과 공감하기 전에 해결책을 제시하는 것은 견고한 기초를 쌓기 전에 집의 틀을 올려놓는 것과 같다"고 합니다. 다른 많은 전문가들도 아이들과 정서적 유대감을 형성하는 어른의 중요성과 공감을 표현하는 필요성을 인식하고 옹호합니다. 많은 캐치프레이즈(유명 문구)는 이러한 요구 사항을 상기시켜주면서, 곧바로 한계 설정과 문제 해결로 뛰어들지 말라고 제안합니다. 시겔(Siegel and Payne Bryson, 2012)은 부모가 "연결 먼저, 그런 뒤 방향 재설정"을 해야 한다고 생각하고, 라일리(Riley 2010)는 교사가 학생과 논리적으로 따지기 전에 먼저 관계를 구축해야 한다고 제안하고, 골딩(Golding, 2015)은 "고쳐주기 전에 연결부터(connection before correction)"를 주장합니다.

교육심리학자인 줄리아는 14세 아이와 다음과 같은 상호작용 및 대화를 보고합니다. 이 일화는 공감적 반응이 어떻게 연결을 가능하게 했는지, 이로써 어떻게 청소년이 상황에 대한 한계설정을 수용하게 되었는지를 잘 보여줍니다:

> 한 직원이 저에게 해일리와의 상담이 "절대 20분 이상 못 채울 거예요"라고 알려줬습니다. 그럼에도 불구하고 학교 측은 내가 해일리를 평가하고 보고서를 제출하기를 절실히 바랬습니다. 엄청난 압박감을 느꼈죠. 나는 전에 이 소녀를 만난 적이 없었고, 이 아이와는 최대 20분도 못 채울 것이고, 끝나면 어떻게든 보고서를 작성해야 했으니까요. 해일리

가 들어와 자리에 앉았고 자기소개 질문에 단음절로 대답했습니다. 긴장이 고조되기 시작했고 방에서 시계가 똑딱거리는 소리를 의식했습니다. 똑딱거릴 때마다 해일리가 이 방을 떠날 시간이 더 가까워지고 있었습니다. 나는 해일리에게 잘 잤는지 물었습니다. 해일리는 잠을 잘 수 없었다고 대답했습니다. 해일리에게 몇 시에 잠이 들었는지 물었더니 매일 새벽 5시경이라고 말했습니다… 실제로는 잠깐의 멈춤이었지만, 내 머릿속에서는 긴 멈춤이 있었습니다… 나는 이것을 감정코칭의 기회로 보았습니다. 오히려 공감의 순간이죠. 새벽 5시에 잠드는 것이 좋은 것인지 아닌지에 대해 시시비비를 가리거나, 대부분의 젊은이들이 밤새도록 전화를 하는데 어떻게 잠을 제때에 잘 수 있겠느냐 등을 언급함으로써 반대 입장에서 판단하거나 반응할 필요가 없었습니다. 수면 문제를 무시하고 인터뷰를 그냥 진행하기보다, 또는 그녀가 좀 과장해서 그렇지 분명 그 전에 잠들었을 거라고 말하며 그녀의 감정을 일축하기보다, 나는 잠깐 멈춰 나의 반응을 짐작해보았습니다. 새벽 5시까지 잠을 못 자면 아침에 기분이 어떨까 하고 생각해보았습니다. "아, 새벽 5시까지 잠을 못 자면 아침에 일어나서 학교 가는 게 너무 힘들겠구나." 해일리는 처음으로 저를 똑바로 쳐다보았고, 우리는 해일리의 수면상태에 대해 더 많은 이야기를 나눴고 약 10초 정도 해일리의 수면에 대해 공감하는 대화를 나누자 해일리는 "제 위탁 보호자는 이 문제에 대해 제 말을 믿지 않아요."라고 말했습니다.

그러자 인터뷰가 전환되었습니다. 해일리는 저에게 말을 걸기 시작했고 자세가 개선되었으며 눈맞춤이 많아졌고 진심으로 저와 상호작용하기 시작했습니다. 20분이 지나고 1시간이 지났습니다. 1시간 반 후에 해일리에게 좀 쉬고 싶은지 물었지만 아이는 괜찮다고 했습니다. 2시간 반이 지난 후에 해일리가 엄청나게 어렵고 도전적이라고 생각한 발음

법 수업(phonics)에 대한 포괄적인 평가를 포함한 정말 좋은 평가를 완료했습니다. 해일리는 자신이 말할 수 없는 발음에 킥킥거리며 웃기까지 했습니다.

감정 응급처치

아이가 투덜대거나 다른 아이의 물건을 훔치거나 체육시간에 체육복을 안 입겠다고 할 때 당신의 첫 반응은 "쟨 뭐든 불만이야", "그만 좀 하지", "일부러 저렇게 꾸물댄다니까"라고 생각할 수도 있겠지요. 감정코칭의 첫 번째 단계는, 당신이 보는 행동에 반응하기보다 그 순간에 아이의 입장이 되어 봐야 한다는 것을 기억하십시오. 아이를 그렇게 행동하게 만드는 감정은 무엇이며, 어떤 상황이 아이를 그렇게 느끼게 만들까? 작문 시간에 그렇게 좌절감을 느끼는 것은 작동기억 능력에 과부하가 쉽게 걸리기 때문인지? 학교 시간표가 바뀌어서 긴장되거나, 다음에 무슨 일이 일어날지 불확실해서 불안한지? 곧 개학을 앞두고 있어서 걱정이 되는지?

우리는 진정성 있는 공감을 할 수 있어야 합니다. 건성으로 (진심 없이) 하는지를 우리 모두는 감지할 수 있기 때문이죠. 아이들은 우리가 진정으로 공감하는지 아닌지 알아차립니다. 아이에게 공감을 느낀다는 것이 아이의 행동에 동의하거나 용납한다는 의미가 아님을 기억하십시오. 감정은 행동을 일으키지만 감정을 식별하고 공감하는 것은 결과적으로 발생한 행동을 승인한다는 것과 다릅니다.

공감함으로써 당신은 아이와 조율된 관계를 더 잘 형성할 수 있습니다. 이 연결은 당신과 아이가 '함께-조절'을 통해 아이를 도와줄 수 있게 합니다. 제1장에서 논의한 바와 같이 아이가 주변 사람들로부터 공감적 반응을 경험하면 사회적 참여 체계와 미주신경이 활성화될 가능성이 높아져 두뇌, 마음, 몸에 진정 반응을 생성하는 데 도움이 됩니다. 공감하는 것은 아이들이 더 안전하다고 느끼는 데 도움이 될 수 있는 감정 응급처치를 제공하고 일종의 '안전한 안식처', 즉 신뢰, 수용, 존중의 장소를 만듭니다. 이러한 감정적 기반에서 아이들은 더 기꺼이 존중하고 경계와 규칙을 받아들일 수 있습니다.

공감은 쉽고 간단하게 들리겠지만 실제로 공감하는 의사소통은 어려울 수 있습니다. 우리 자신의 어려운 감정이 아이의 감정 표현에 반응하여 활성화될 때, 우리 자신은 반사적인 언어나 행동으로 반응할 수 있습니다. 선생님이 이미 세 번이나 설명했는데도 아이가 "선생님, 뭐 해야 하는지 모르겠어요"라는 말을 반복할 때, 선생님은 화가 나서 아마도 "내가 세 번이나 설명했지, 넌 전혀 듣지 않을 작정이었잖아… 그냥 수업해…!"라는 반응을 하겠지요. 그러나 다음 예시에서 아이샤 선생님은 시간을 들여 아이가 어떤 감정을 가지고 있는지 어떤 감정 응급처치가 필요한지를 생각해 봅니다:

> 아홉 살 프레디는 수업 시간에 선생님의 지시를 따르지 않았습니다. 글쓰기 시간이 되었을 때 레고 몇 개를 들고 탁자 아래로 기어들어갔습니다. 아이샤 선생님은 그날 아이가 평소보다 조용해 보였기 때문에 아이가 슬퍼하는 것은 아닐까 생각했습니다. 선생님은 아이에게 다가가 몸을 굽혀 상냥하게 그를 바라보면서 부드럽게 말했습니다. "헤이 프레디, 네 옆에 잠깐 같이 앉아도 될까?"

아이 입장에서 역지사지 하기

앞서 언급했듯이, 아이의 입장이 되는 것은 본질적으로 감정코칭의 첫 번째 단계입니다. 심리학자 엘리자베스 메인(Elizabeth Meins)과 그녀의 동료들은 부모가 자녀를 '생각과 감정이 있는 사람'으로 대하는 것이 얼마나 중요한지 보여주었으며, 이 과정을 '마음을 헤아려 주는 사람(mind-minded)'

이라고 합니다(Meins et al., 2001). 마음을 헤아려 준다는 것은 자녀의 필요에 민감하게 반응하는 것 이상입니다. 아이에게 적극적으로 관여하고 아이에게도 마음이 있음을 받아들이는 것을 포함합니다. 그것은 아이의 마음에서 실제로 일어나고 있는 일을 조율하고 반영하는 것입니다. 포나기와 그의 동료들(Fonagy et al., 2004)은 타인의 필요, 욕구, 감정, 신념 및 관심을 이해함으로써 타인의 정신 상태를 인지, 해석 및 주의를 기울이는 과정을 정신화(mentalization, 마음 이해 과정)라고 합니다. 아이들의 건강한 정서적 발달을 지원하기 위해 정신화가 얼마나 중요한지 강조합니다.

감정코칭은 마음챙김과 정신화를 포함합니다. 감정코칭의 단계들은 아이에 대한 조율을 가능하게 하고 아이에 대한 어른의 정신화를 지원합니다(Rose, Gilbert and McGuire-Snieckus, 2015). 결과적으로 이것은 아이가 자신의 마음가짐과 정신화 능력 개발을 지원합니다. 감정코칭의 조율을 통해 아이들에게 감정 상태에 대한 이해와 수용을 전달할 수 있습니다.

추가 학습이 필요한 아이를 위한 초등학교 보조교사인 마리아 선생님은 샘과의 상호작용에서 조율과 정신화를 강조합니다.

마리아 선생님은 과학 수업에서 샘을 일대일로 지원했습니다. 샘은 더 이상 공부를 하고 싶어 하지 않아서 마리아 선생님은 샘에게 앞으로 몇 분 밖에 남지 않았다고 상기시키고 눈에 보이는 신호로 모래시계를 사용했습니다. 이전에 샘은 이런 경우에 반응을 보였지만 이번에는 응답하지 않았습니다. 대신 샘은 선생님에게 욕설을 퍼붓고 교실 밖으로 뛰쳐나가 거기 있던 휠체어와 보행기들을 끌고 복도를 따라 냅다 달렸습니다.

선생님은 약간의 거리를 두고 복도를 따라 조용히 샘을 따라갔지만 아이가 선생님이 같이 있어도 안전하다고 느낄 수 있도록 마음을 썼습니다. 선생님은 아이의 몸짓과 호흡의 미묘한 변화를 관찰하고 귀를 기울이면서 계속해서 아이를 면밀히 관찰했습니다. 1분 후 선생님은 아이의 감정 강도가 줄어드는 것을 느꼈고, 공감적 의사소통을 하기 시작했습니다. 아이는 "나는 과학이 싫어요"라고 소리쳤고, 선생님은 잠시 멈추고 이렇게 대답했습니다. "그래, 과학이 너에게 힘든 과목이라고 들었어. 우리 빈백 쿠션 위에 잠시 앉아 보면 어떨까?" 아이는 처음으로 선생님을 쳐다보더니 "나는 빈백 쿠션 위에 앉고 싶지 않아요"라고 말했다. 선생님은 아이의 선택을 수긍하고 제안했습니다. "그래, 지금 빈백에 앉을 생각이 없구나. 자, 그럼 이 복도에서 나가서 잠시 쉬다가 뽁뽁이도 좀 터뜨리고 음료수도 마시자." 아이는 조금 더 가까이 다가와 고개를 끄덕였습니다.

선생님과 아이는 휴식 공간으로 이동하여 빈백 위에 앉아 뽁뽁이를 터트렸습니다. 샘은 꼬불꼬불한 빨대로 찬물을 세게 빨았고[이는 영유아기의 진정 반사(soothing reflex)를 촉발하는 데 도움이 됨] 몸이 빈백으로 푹 가라앉으면서 상기되었던 얼굴색도 원래대로 돌아왔습니다.

위의 상호작용에서 감정코칭의 1, 2단계를 볼 수 있습니다: 아이의 감정상태를 알아차리고 공감을 하며 감정에 이름을 붙이고 수긍하는 것 말이죠.

샘은 교실로 돌아갈 만큼 충분히 진정되었지만, 가방을 챙겨 집에 갈 준비를 할 시간이 되자 금세 다시 화를 냈습니다. 그는 다음과 같은 행동을 보였습니다.

샘 : 정리하기 싫어요!

선생님 : 정리해야만 한다는 게 싫은가 보구나.

샘 : 네, 선생님은 언제나 정리하라고 시키잖아요.

선생님 : 정리하는 걸 좋아하지 않는 것 같네.

샘 : 네, 싫어요. 그건 내가 할 일이 아니잖아요.

선생님 : 음…

이 대화에서, 선생님은 아이가 여전히 화가 나서 높은 각성 상태임을 알았습니다. 선생님은 지금이 한계 설정, 문제 해결 및 잘못된 부분을 교정하기에 적절한 시기가 아님을 인식했습니다. 이 상태에서 아이는 감정적 각성 수준을 줄이기 위한 추가적인 함께-조절이 필요했습니다.

마리아 선생님은 샘에게 스트레스 볼을 건네면서 함께 심호흡을 해보자고 제안했습니다. 선생님은 샘이 어른들의 속도로 진정되기를 원하지 않기 때문에 어른과 함께 심호흡하기를 저항할 수도 있다는 것을 알았습니다. 그러나 평소보다 오랫 동안 매우 신체적이고, 흥분한 상태여서 샘은 크게 쉬는 호흡의 편안함과 그 방법을 반겼습니다. 그런 다음 선생님은 샘이 좋아하는 책을 읽어 주었고 둘은 빈백에 함께 앉았습니다. 심호흡, 스트레스 볼, 책 읽기 및 가까운 접촉 후에 아이는 신체적으로 더 진정되었고 선생님은 감정코칭 대화를 다시 시작할 수 있음을 느꼈습니다. "그래서 샘, 무슨 일이 있었니? 오늘 아침 과학은 어땠어?" 아이는 그제서야 말할 수 있었고, 따라가지 못했던 수업내용이나 선생님한테 들었던 말을 이해할 수 있었습니다.

샘의 행동이 보여주는 내면 상태를 지속적으로 성찰함으로써 선생님은 아이의 감정 상태에 조율할 수 있었습니다. 샘은 자신을 압도하려는 마음(mind)보다는 자신을 배려하는 마음을 경험할 수 있었습니다(Fonagy and

Target, 1998). 이러한 조율된 대인 관계 경험은 감정조절 기술을 발달시키는 데 기여합니다. 마리아 선생님은 감정코칭의 다양한 단계를 거치면서, 때로는 이전 단계로 돌아가기도 하면서, 샘의 감정 상태에 대한 이해를 전달했습니다.

더 공감할 수 있도록 스스로 돕기

아이가 도전적으로 행동할 때 우리는 흔히 익숙한 방법으로 돌아가 야단치면서 아이를 제대로 '길들이'려 하기 쉽습니다. 그러나 아이가 자신의 행동을 유발한 감정을 이해하지 못한다면 무엇을 배울 수 있을까요? 부적절한 행동을 비판하기보다는 공감하는 방식으로 반응하는 연습을 하면 할수록 더 쉬워집니다.

교육심리학자인 리사 선생님은, 파리여행을 놓쳐버린(missing out, 못 가게 된) 엄마와 소시지 반쪽을 놓쳐버린(missing out, 못 먹게 된) 딸의 대화를 회상하였습니다. 상황은 다르지만 경험한 감정은 비슷했습니다. 엄마데브라가 딸의 상황을 상응하는 어른의 상황에 적용하게 함으로써 리사 선생님은 엄마가 딸을 공감하도록 지지해주었습니다:

엄마 데브라는 8살 된 딸 해티를 "집안 분위기를 망치는 아이"라고 말했습니다. 엄마는 금요일 밤에 다른 가족을 초대했을 때 벌어진 사건을 이야기했습니다. 계획대로라면 아이들은 아이들끼리 놀고 어른들은 어른들끼리 대화하며 놀았을 것입니다. 느긋한 주말 계획의 일환으로 부모는 저녁 식사로 배달 음식을 주문하기로 결정했습니다. 음식을 주문할 때 엄마는 딸에게 뭘 시킬 건지 물었고 딸은 "소시지 튀김"이라고 대답했습니다.

음식이 집에 배달되었을 때 엄마는 아이들의 음식을 접시에 담기 시작했습니다. 엄마가 해티의 접시에 음식을 담으려고 할 때 아이가 전날 배탈이 났던 것이 떠올라 튀긴 소시지는 반만 주고, 대신 아들이 시킨 생선을 반 나눠 담았습니다. 엄마 생각에 튀긴 소시지는 지방이 많이 들어 있고 또 해티는 생선을 아주 좋아하니 괜찮겠지 생각했습니다. 그러나 접시를 받자마자 해티는 화를 내며 접시를 벽에 던지며 소리쳤습니다. "내 소시지 튀김 어디 갔어? 엄마 미워! 내 소시지 튀김 어디 있어?"

해티가 계속해서 화를 내자 엄마는 해티가 전날 배가 아팠으니 소시지 튀김을 다 먹고 또 배 아플까 걱정되고, 또 해티가 생선을 좋아하니까 그렇게 반반 먹으면서 가족과 친구들과 계속 놀 수 있는 좋은 절충책이라고 생각해서 그런 거였다고 설명했지만 통하지 않았습니다. 해티는 도무지 들으려고 하지도 않았고 계속 소리치며 비명을 질렀습니다. 엄마는 8살 된 딸을 통제할 수 없다는 사실에 당황하기 시작했고, 해티에게 자기 방에 들어가서 진정하라고 말했습니다. 해티가 거부하며 말을 안 듣자, 엄마는 화나고 짜증나고 당혹스러워 직접 해티를 방으로 데려갔지만 해티는 계속 따라 나와서 소시지 내놓으라고 소리치고 엄마 밉다는 말만 되풀이 했습니다. 엄마 데브라가 이 이야기를 털어놓을 때 그녀의 얼굴엔 분노와 창피함이 역력했습니다.

리사 선생님은 해티가 기대했던 것을 받지 못했을 때 느꼈을 감정을 생각해보고, 엄마 데브라도 정말로 기대했으나 실현되지 않았던 경험이 있었는지 물었습니다. 잠시 생각한 후, 데브라는 그녀와 남편이 연휴 동안 파리에 가기로 계획했던 때를 회상했습니다. 그녀는 파리 여행이 처음이라 남편과 함께 떠나는 주말을 정말 고대하고 있었습니다. 출발 당일 데브라는 가방을 현관 앞에 놓은 채 남편이 퇴근해서 집에 도착하기만을 기다리고 있었습니다. 그러나 남편이 집에 오더니 간단히 "여보 미안, 우리 못 가겠어… 이번 주말에 출근해야 돼."라고 말했습니다. 데

브라는 그때 일을 떠올리기만 해도 화나고 짜증나는 것처럼 보였습니다. 리사는 "저런, 여행을 엄청 기대하셨을 텐데 많이 속상하고 실망하셨을 것 같아요"라고 말했습니다. 데브라는 리사의 말에 동조하다가 갑자기 깨닫고 말을 멈췄습니다. 그러면서 "아, 이게 소시지랑 같네요. 맞죠?"라고 말했습니다.

"겨우 소시지 갖고 난리야!"라는 어른의 기준으로 상황을 판단하지 않고 딸의 입장이 되어 상황을 본 후 데브라는 해티에게 공감을 표했습니다. 딸의 행동에 대한 엄마의 알아차림은 도전적인 행동을 보일 때 짜증과 분노 대신 해티가 어떻게 느꼈을까에 대한 이해로 바뀌었고, 따라서 엄마는 아이가 그러한 감정을 이해하고 대처할 수 있도록 더 잘 지지해줄 수 있게 되었습니다.

공감의 어려움

감정코칭으로 아이들의 정서적 이해를 키워줄 수 있도록 교사, 관계자 및 부모님들을 돕다 보니, 어려운 감정을 경험하는 아이에게 공감적으로 반응하는 데 오히려 방해가 될 수 있는 의사소통을 하는 경우가 종종 있었습니다. 자, 살펴보겠습니다.

우리는 공감을 느끼면서도 말로는 감정을 일축할 수가 있습니다

사람들은 아이가 특정 상황에 감정을 어떻게 느끼는지 알고 이해하기도 하지만 이 감정에 대해 반응하는 자신들의 방식 유형은 인식을 못하거나 이름 붙이지도 못하는 경우가 있습니다. 만약 어른의 반응이 단순히 아이의 어려운 감정을 가라앉히려 한다면 이 감정들이 무시될 수 있습니다. 우리는 이전 장에서 가트맨 박사와 동료들(1997)의 작업이 이 유형을 가장 일반적인 양육 유형(축소전환형 또는 감정일축형)으로 확인하였다고 언급하였습니다. 우리의 연구에서 교사들이 상황을 계속 통제하고 신속하게 처리하려고 감정을 무시할 수 있지만, 연습을 통해 더 많은 감정코칭 접근 방식을 적용할 수 있음을 알게 되었습니다(Rose, Gilbert and McGuire-Snieckus, 2015).

이에 대한 구체적 예를 두 어린 남자아이(5세와 7세)의 어머니인 클라우디아와 그녀의 친구 카렌과의 대화에서 볼 수 있습니다:

클라우디아와 남편은 별거 중입니다. 두 아들의 아빠는 이 아이들과 거의 같은 또래의 두 여자아이가 있는 새로운 파트너와 가정을 꾸리고 살고 있습니다. 아들들은 2주마다 6일 동안 아버지와 함께 지냅니다. 클라우디아는 아이들이 아빠의 새 가정을 방문하고 집으로 돌아왔을 때 아이들의 행동이 염려되기 시작했습니다. 아이들은 시무룩하고 서로에게 짜증을 내며 엄마에게 대들었습니다. 클라우디아는 아들들의 행동이 아빠가 자기들보다 새 가정의 딸들을 더 사랑하게 되었을 거라는 걱정 때문일 거라고 느꼈습니다. 친구 카렌은 이런 알아차림이 아이들의 감정을 잘 이해하는 것처럼 보였고 클라우디아에게 아들들에게 공감하는 반응을 보여주는 것이 도움될 것이라고 제안했습니다.

클라우디아는 "아, 공감은 했는데, 그게 안 통했어"라고 말했죠. 카렌은 클라우디아에게 어떻게 시도했는지 설명해달라고 했습니다. 클라우디아는 아이들이 집에 돌아왔을 때 우울하고 축 쳐져 보여서 "걱정마, 아빠는 여전히 너희들을 사랑하신단다"라고 말하며 아이들을 안심시키려고 노력했다고 말했습니다. 아이들은 "엄마 닥쳐, 우리한테 그런 말 쓰지 마"라고 소리치며 대답했습니다. 작은 아들은 자기 방으로 가서 장난감을 부숴 버렸고 큰 아들은 며칠 동안 엄마와 말을 하지 않았습니다. "봐, 공감은 안 통해"라고 클라우디아가 말했습니다.

카렌은 클라우디아에게 그녀의 반응이 아이들이 지금 걱정하고 불안해하고 있음을 알고 있다는 것을 아이들에게 보여주려고 했는지 아니면 아이들의 어려운 감정에 종지부를 찍기 위해 노력한 것인지 물었습니다. 그제서야 클라우디아는 아마도 자신이 아이들의 감정 표현에 스트레스 받고 무력감을 느끼고 결국 아이들의 감정을 무시했다는 것을 깨달았다고 말했습니다. 그녀는 아들들이 아빠가 그들을 사랑한다는 사실을 알기 바랐기 때문입니다. 그러나 그녀는 그렇게 함으로써 아이들이 느끼는 걱정과 불안함을 알아차리고 이해하고 있음을 보여주는 것을 잊어버렸습니다.

아들들을 응원하고 싶은 마음에 클라우디아는 처음 의도와는 달리 아이들의 감정을 무시하는 실수를 했습니다. 아들들은 엄마가 자신들의 감정을 이해한다는 것을 전혀 몰랐고, 엄마가 선택한 단어는 엄마가 정말로 이해하지 못한다는 느낌을 더했습니다. 이것이 사실이었겠다는 점을 불안과 두려움을 완화시키려는 클라우디아의 시도에 대한 아이들의 [거친] 언어 반응으로 알 수 있습니다.

우리는 공감이 행동에 대한 동의를 암시한다고 생각합니다

이 책에서 우리는 '느낀 감정(felt emotion)'의 결과가 행동이며 감정에 대한 '학습'은 다른 사람들과의 관계를 통해 발전한다고 제안합니다. 그러나 역사적으로 서구 문화는 행동에만 주의를 집중하는 오랜 전통이 있으며 행동을 발달시키는 가장 보편적인 방법은 보상하거나 처벌하는 것입니다. 그 전제는 아이들은 바른 행동을 배우도록 강압될 수 있다는 것이지요. 이런 행동주의 접근은 행동은 합리적인 인지적 의사결정에서 비롯되며 그 과정에 감정은 거의 역할이 없다는 개념에 기반합니다. 하지만 흥미롭게도 보상과 처벌이 행동 억제 수단이라는 증거는 상대적으로 빈약하고 종종 잘못 적용되기도 합니다(Parker et al., 2016).

우리 중 많은 사람들에게 행동주의적 사고 방식은 강력하고 당연히 여겨질 수 있고, 따라서 감정이 행동에 미치는 역할에 대해 달리 생각해보려는 노력이 어려울 수 있습니다. 사고와 습관을 바꾸는 것이 얼마나 어려운지 우리는 모두 알고 있으며(Baumeister and Vohs, 2004), 이를 다음 예로 설명하겠습니다.

어느 중학교에서 감정코칭 교육 세션이 끝날 무렵, 교감선생님 마이크는 감정코칭의 원리에 동의하고 그것이 학생들에게 어떻게 도움이 될 수 있는지 알 수 있다고 말했습니다. 그러나 그는 때로 공감하는 것이 불가능해서 감정코칭 하는 데 방해가 된다고 덧붙였습니다. 마이크 교감선생님이 제시한 사례는 14세 학생인 릴라에게 감정코칭이 어떻게 사용될 수 있었는지에 대한 토론과 관련이 있습니다.

> 릴라는 공격적인 행동에 대한 최종 경고를 받고 화가 나서 미술실에서 의자를 던져버렸습니다. 아이는 곧 다가올 미술전에 참여할 수 없다는 말을 듣고 화가 났던 것입니다. 의자를 던져 일부 예술 작품이 깨졌고 교사도 좀 다치게 되었습니다. 아이는 교감선생님께 불려갔고, 교감선생님은 이제까지 참을 만큼 참았기에 더 이상 봐주지 않고 영구 퇴출시킬 것이라고 말했습니다. 릴라는 자신의 행동에 반성의 기미를 전혀 보이지 않았고 여전히 화를 냈습니다. 교감선생님은, "나는 이 학생에게 전혀 공감할 수 없었어요. '그래, 내가 네 입장이라도 책상을 던져버렸을 거야'라는 말은 결코 못 했겠죠…"라고 말했습니다.

교감 선생님의 말은 감정코칭에서 조율을 이해하는 것이 얼마나 중요한지 보여줍니다. 조율은, 행동이 아니라 감정을 인식하고 공감하는 것입니다. 교실에서 의자를 던지는 행동은 용납될 수 없지만 그런 행동을 이끌었던 감정은 무엇이었을까요? 교감 선생님은 릴라가 자신이 대우받는 방식이 부당하다고 여기고(perceived) 분노했다는 사실에 대해서는 공감할 수 있었을 것입니다. 아이는 다른 학생들이었다면 영구퇴출 당하지 않을 것이라고 믿었습니다. 아이의 분노를 인정하는 공감적 반응은 미주신경을 자극하여 아이의 스트레스 상태를 진정시키고 자기-조절을 지원하는 데 도움이 되는 조율된 연결을 촉진할 수 있었을 것입니다. 공감한다는 것이 용납할 수 없는 행동의 결과를 배제하거나 부적절한 행동을 용인하는 것은 아니지만, 우리가 행동을 바꾸려는 경우 처벌만이 반드시 가장 효과적인 도구는 아니라는 것입니다.

동정 대 공감

동정과 공감은 둘 다 관계에서 다른 사람과의 감정이나 경험과 관련된 것이라 쉽게 혼동될 수 있습니다. 그러나 감정코칭의 주요 핵심 방식에서 이둘은 서로 다릅니다.

동정은 대체로 불행을 겪고 있는 다른 사람에게 연민 또는 슬픔의 감정을 전달하는 데 사용됩니다. 당신은 그들을 딱하게 여기기는 하지만 그들의 입장에서 느껴 보는 것은 아닙니다. 동정은 공감에 비해 더 동떨어져 있으며 그들의 관점에서 그들의 감정을 상상해 보는 것은 아닙니다.

공감은 자신이 그 사람의 입장에서 상상할 수 있는 능력이며, 그 사람의 감정, 생각 또는 의견을 경험해보고, 이해하며, 느껴보는 것을 뜻합니다. 동정은 우려를 전달할 수 있고 더 공감적인 반응으로 이어질 수 있지만, 공유된 관점이나 공유된 감정을 수용할 의지와 지원 능력을 상대방에게 전달할 수 있는 명확한 증거가 부족한 경우가 많습니다.

교육 심리학자인 루크는 보충 교육이 필요한 두 자녀의 어머니인 케이티와 상담한 내용을 기록하였습니다. 루크는 케이티의 장남 잭과의 관계를 통해 케이티를 몇 해 동안 알고 있었습니다. 잭은 10살이었으며 이전에 자폐스펙트럼과 주의력결핍 과잉행동장애(ADHD) 진단을 받았습니다. 잭은 학교에서 교사나 다른 학생들과 긍정적인 사회적 상호작용을 거의 하지 않았습니다. 잭이 얼마나 오랫동안 또래관계에서 어려움을 겪었는지는 가슴 아프게도 그가 다른 아이의 생일 파티에 초대된 적이 없다는 사실로도 알 수 있습니다:

이번에 나는 읽고 쓰기에 대한 추가 지원이 필요한 케이티의 딸을 위한 검토 회의의 일환으로 그녀를 다시 만났습니다. 회의가 끝나갈 무렵 케이티는 내게 아들 잭에 대해 몇 마디 나눌 수 있는지 물었습니다. 케이티는 잭이 학기 초에는 정말 잘 시작했다고 말했습니다. 아이의 새 담임 선생님은 그를 정말로 이해하는 것 같았고 사회적 상호작용과 관련된 어려움이 발생했을 때 도움을 줄 수 있었던 것 같습니다. 그 결과 잭은 학교에서 누군가를 믿을 수 있다고 느꼈고 아침에 그를 학교에 데려다 주는 데 저항이 덜했다고 합니다. 이어서 케이티는, "학급의 모든 학부모가 교장 선생님으로부터 잭의 담임 선생님이 어떤 사건에 연루되어 조사가 진행되는 동안 교사 자격이 즉각 정지되었음을 알리는 편지를 받았다"라고 말했습니다. 두 명의 임시 교사가 수업을 분담하게 되었구요.

케이티가 나에게 이 말을 하는 동안 그녀의 목소리는 점점 더 높아졌고 말은 점점 더 크고 빨라졌습니다. 얼굴 근육은 찡그려지고 눈동자는 이리저리 흔들렸습니다. 케이티는 "선생님, 내가 망쳤어요. 내가 어떻게 한 줄 아세요? 나는 교장에게 전화를 걸어 고래고래 소리 질렀죠. 선생님이 바뀌는데 알려주지도 않고 또 우리 아이를 전혀 이해 못하는 새로운 선생들이 들어오면 우리 아이는 어떻게 하냐"고 말이죠. 교장 선생님이 나를 어떻게 생각하겠어요?" 나는 케이티를 바라보며 그녀가 처한 상황에 대해 생각했습니다. 몇 년 동안 학교 생활에 어려움을 겪은 후 잭이 겨우 좀 나아지기 시작했는데 큰 도움을 주셨던 담임 선생님이 아무런 예고도 없이 떠나버리게 되었죠. 그래서 나는 "어머님, 제 생각을 말씀드려도 될까요? 교장 선생님은 당신이 아들을 걱정하는 사랑 많은 어머니라고 생각하실 것 같아요."라고 대답했습니다.

케이티는 처음으로 내 눈을 똑바로 쳐다보고는 깊은 숨을 내쉬며 말했습니다. "그렇게 생각하세요, 선생님? 사과 편지를 쓰고 답장을 보낼까 생각하고 있어요." 나는 교장 선생님과의 상황을 수습하려는 케이티의 계획을 들었고, 함께 학교를 나서면서 그녀는 나에게 이렇게 말했습니다. "선생님, 제가 선생님과 함께 있으면 어떻게 이렇게 늘 진정이 되는 거죠?"

감정코칭의 관점에서 루크의 공감적 반응은 케이티가 안전함을 느끼고 함께-조절을 받을 수 있도록 했습니다. 루크 선생님이 보여준 공감은 그녀의 사회적 참여 체계를 활성화하는 데 도움이 되었고 미주신경을 촉발하여 그녀가 더 차분해지도록 도왔습니다. 루크 선생님이 다음과 같은 대답을 했다면 어떤 일이 일어났을지 생각해 보십시오.

- "맙소사 그런 일이 있었다니 믿을 수가 없습니다!"
  - 단순히 케이티의 격렬한 감정을 반영하는 것은 그녀를 진정시키기는커녕 상황을 더 악화시켰을 수도 있습니다.
- "무슨 생각으로 교장선생님에게 전화해서 고함을 지르셨는지요?!"

- 비판적으로 지적하는 반응은 상황을 악화시키고 케이티의 기분을 더 나쁘게 했을 수 있습니다.
- "어머님이 생각하는 것만큼 나쁘지 않다고 나는 확신합니다."
  - 상황을 최소화하고 무시하는 것은 케이티가 무시당하거나 호소가 수용되지 않았다는 느낌이 들게 했을 수 있습니다.
- "나와 상사에게도 똑같은 일이 일어났습니다. 이후 그가 나를 어떻게 대했는지 들어 보셨어야 해요!"
  - 대화를 자신의 상황으로 돌리면 케이티는 자신이 대수롭지 않게 여겨졌다고 느낄 수 있습니다.

마찬가지로 루크 선생님의 동정적인 반응("당신도 그렇고 잭도 그렇고 다 안 됐네요.")은 루크가 자신의 감정을 이해했다는 것을 케이티에게 전달하지 못했을 것입니다. 케이티는 괴로운 상태에 있었고 루크 선생님이 무비판적으로 케이티의 입장에서 상황을 함께 바라보자, 그녀의 스트레스 감정은 진정되고 차분하게 되었습니다.

요약 : 아이를 위한 스타(STAR)가 되십시오

'STAR' 약어는 감정코칭의 1단계와 관련된 내용을 상기시키는 데 사용할 수 있습니다(Gus, 2018b).

STOP(일단 멈추세요)	잠시 멈추고, 즉각 반응하거나 말하지 마십시오. 아이의 행동이 당신에게 어떤 감정을 불러일으키는지 알아차리십시오.
THINK(생각하세요)	내가 보고 있는 행동 저변에 어떤 감정이 있을 수 있을까요? 이 아이에게 지금 무슨 일이 일어

나고 있는 걸까요?

ATTUNE(조율하세요) 아이의 입장이 되어 봄으로써 아이의 기분에 조율해 보세요.

REFLECT(반추하세요) 당신도 그렇게 느꼈던 비슷한 상황은 무엇이었을까요?

2단계 : 아이의 감정에 라벨을 붙이고 수긍하기

감정에 이름을 붙인 후 수긍하기

1단계에서는 공감을 느끼고 보여주기 시작하고, 2단계에서는 아이가 느끼고 있는 감정을 반영하고 그 감정을 수긍하기 위해 언어를 사용하는 것입니다. "네가 화난 것 같구나" 또는 "걱정하고 있는지 궁금해"와 같은 표현은 아이의 감정이 실제(real)임을 수긍해주는 것입니다. 좀 더 자세히 "왜 그것에 화가 났는지 이해가 되네" 또는 "네가 얼마나 실망하고 있는지 이해가 되고, 나라도 그렇게 느낄 거야"라고 말해줄 수도 있습니다. 감정에 이름을 붙이기 위해 단어를 사용하면 아이의 경험과 감정을 확인하고 수긍할 수 있습니다. 이것은 아이에게 인정받고 있다는 느낌을 받을 수 있게 하고 모든 감정이 정상적이고 자연스럽고 괜찮다는 것을 배우는 데 도움이 됩니다. 이런 식으로, 당신은 아이를 위한 감정적 경험의 꼭 필요한 이야기나 부가 설명을 제공하는 것입니다. 당신은 아이가 자기 감정을 이해하도록 돕고 있으며, 이는 아이가 자기-조절을 하는 데 도움이 됩니다. 다음의 예는 수긍과 이름 붙이기가 아이가 진정하는 데 어떻게 도움이 되는지를 보여주는 어느 중등 보조 교사로부터 들은 이야기입니다:

16세 남학생이 오랜 결석 후 학교에 돌아왔습니다. 그가 학생 지원센터에 들어섰을 때 나는 몸을 많이 웅크리고 마치 바위를 짊어진 듯 걸어가는 그의 모습이 걱정되었습니다. 고개를 푹 숙인 그는 완전 지치고 두려워하는 것처럼 보였습니다. 아이가 스트레스로 지치고 위축되고 두려운 느낌이 들 수도 있을 거라 생각했지요. 나는 그에게 천천히 교실과 공간에 적응해도 된다고 제안했습니다. 그 학생이 지나치게 자극을 받지 않도록 부드럽고 천천히 말했죠. 나는 아주 천천히, 차분한 목소리 톤을 유지했습니다. 그가 학교로 다시 돌아온 것을 환영했고 내가 관찰한 아이의 모습이 어떻게 보였는지를 부드럽게 말해주었습니다. "많이 지치고 피곤해 보이네."라고 말했죠.

아이는 눈에 띄게 편안해졌습니다. 그의 몸의 자세가 바뀌었습니다. 고개를 들고 천천히 나와 눈을 마주치기 시작했습니다. 그는 좀 더 고르게 숨을 쉬기 시작했고 교실에서 편안해지는 것 같았습니다. 처음 학교로 돌아왔을 때 느꼈던 불편함과 모든 불빛과 소리가 그에게 얼마나 견디기 힘들었는지에 대해 말하기 시작했습니다. 학교에 돌아온 것과 다른 아이들과의 경험과 수업에 대해 오랫동안 이야기했습니다.

상대할 학생이 한 명뿐일 때는 조율하고, 공감하고, 감정에 이름을 붙이고, 수긍하는 것이 더 쉽지만, 바쁜 교실에서도 가능합니다. 중등학교 교사인 롭은 자신의 학급에 새로 들어온 학생이 어떻게 느낄지 공감하고, 감정에 이름을 붙이고, 수긍한 것이 어떻게 추후 발생할 상호작용에 긍정적인 기반을 만들 수 있었는지를 재확인합니다:

15세 학생이 학교를 옮겨, 최근에 내 수업을 듣기 시작했습니다. 주임 선생님들은 그를 너무 세게 몰아붙이지 말라고 충고했습니다. 그러나 나는 그가 수업 내내 머리에 손을 얹고 있거나 주의산만한 것이 걱정되었습니다. 나는 그의 웰빙에 대한 걱정과 그가 수업에 참여하지 않고 다른 학생들을 불안하게 하는 것에 대한 약간의 불안감을 느꼈습니다. 나는 그 학생이 자신에 대한 다른 사람들의 기대와 스스로의 기대에 대해 어느 정도 스트레스를 받고 혼란스러워한다는 것이 느껴졌습니다. 그에게 다가가서 "스트레스를 받고 있는 것 같구나. 고개를 푹 숙이고 있는 걸 봤어. 계속하기가 힘든가 보네." 그 아이는 꾸지람을 듣지 않았다는 사실에 약간 놀란 듯 보였지만 자신이 뭘 해야 하는지 모르겠다고 말했습니다. 우리는 그가 수업에 참여하고 있다는 것을 다른 사람이 알 수 있도록 무엇을 해야 할지 함께 이야기했습니다. 그는 주어진 시간 동안 수업에 집중하는 모습을 보여주기로 동의했고, 성공적으로 해냈습니다. 이런 상호작용은 교사와 학생과의 관계를 개선했으며, 참고 삼아 다른 수업에서도 참여를 주저하는 것처럼 보일 때 같은 방식으로 해 볼 것을 권했습니다.

감정에 이름 붙이기

감정에 이름을 붙이는 것은 뇌의 인지 부분과 감정 부분을 연결하는 데 도움이 되는 것으로 보이며 아이들을 진정시키는 역할을 할 수 있습니다. 매튜 리버만(Matthew Lieberman, 2013)은 MRI(자기 공명 영상) 기계로 사람의 뇌 활동을 측정한 실험을 통해 단순히 사람이 경험하고 있는 감정에 이름을 명명하는 것만으로도 그 감정과 관련된 뇌 활동의 강도가 낮아지는 것을 입증했습니다. 즉 감정에 이름 붙이는 것이 진정효과가 있다는 것이지요. 시겔(Siegel, 2012)은 이를 "이름을 불러야 길들여진다(name it to tame it)"라고 합니다. 다음 시나리오는 초등학교 교장 선생님이 화난 아이에게 감정코칭을 사용하는 방법을 보여줍니다:

한 남자아이가 교장실에 보내졌고 화가 잔뜩 나 있었습니다. 아이는 씩씩거리며 발로 벽을 찼죠. 나는 그에게 다가가 잠시 멈췄다가 조용하고 부드러운 목소리로 "지금 정말 화가 많이 났구나"라고 말했습니다. 이 말은 그의 돛단배에 부는 바람을 잦아들게 만들었습니다. 바로 눈앞에서 눈에 띄게 진정되어, 벽을 발로 차는 것을 멈추고 나를 바라보았습니다. 정말로 믿기 어려웠습니다! 늘 그렇게 되지는 않는다는 것을 알지만, 이번 경우에는 효과가 있었고 우리는 함께 앉아서 문제에 대해 차분하고 이성적으로 이야기할 수 있었습니다.

아이에게 그 순간에 느끼는 감정을 이야기해 달라고 하는 것만으로는 도움이 되지 않을 수 있습니다. 아이가 그냥 어깨를 으쓱하거나 "지루해요"와 같은 모호한 말만 반복할 수 있습니다. 이는 아이가 어렵게 굴거나 반항하려고 하기 때문이 아니라, "기분이 어때?"라는 질문에 대한 답을 정말로 모를 수 있기 때문입니다. 상황에 대한 아이의 언어적 및 비언어적 행동과 반응을 알아차림으로써, 조율된 어른들이라면 아이들이 느끼는 것과 왜 그렇게 느끼는지 그 이유를 더 잘 이해할 수 있을 것입니다. 감정에 이름을 붙이면 아이는 어른이 자신에게 관심이 있고 자기의 감정이 사실이라는 것을 알게 되므로 자기가 느끼는 것과 그렇게 느끼는 이유를 이해할 수 있습니다. 다음 예는 아이들이 어떻게 공감의 경험을 통해 배우는지를 보여줍니다:

야곱은 사회적, 정서적, 정신건강적으로 어려움을 겪는 아이를 위한 특수 초등학교에 다녔습니다. 아이가 다니는 학교의 교직원들은 그가 학교에 처음 다니기 시작할 때부터 계속 그와의 소통을 감정코칭으로 했습니다. 야곱은 처음에는 당황스러워했고 때때로 저항적이었던 것에서 결국 감정코칭을 사용하는 어른들을 받아들였습니다. 그 후 야곱은 교실 창문 밖에서 친구 해리가 발로 벽을 마구 차는 것을 보았습니다. 야곱이 창문을 열고 그에게 소리쳤습니다. "해리야, 벽 찬다고 기분 나아지지 않아. 안으로 들어가 선생님과 이야기해 봐. 선생님이 네 기분이 어떤지 말해주실 텐데 그러면 기분이 훨씬 좋아질 거야."

조율된 반응과 감정에 이름 붙이기는 어른에 대한 아이의 신뢰를 형성하고 자신의 감정에 대해 말할 수 있게 해줍니다. 그럼으로써, 본인이 느끼는 감정에 대해 비판받지 않으면 아이들은 더 안전함을 느끼고 어른들의 지지에 더 잘 반응합니다. 한 소년은 자신과 함께 감정코칭을 했던 선생님에 대해 "우리 선생님은 내가 무엇에 대해 화났는지 이야기해주시고, 내가 왜 화가 나고 걱정하는지를 설명해주세요. 그러면 나는 공부를 계속할 수 있고 하루를 잘 보냅니다. 내 분노에 대해 함께 충분히 이야기 나눴기 때문이죠." 아이의 감정에 이름을 붙이는 것은 자신이 느끼는 감정을 표현하는 데 어떻게 언어를 사용하는지 견본(템플릿)을 제공합니다. 어른이 모델링과 디딤판을 제공해 줌으로써 아이들은 행동보다는 말로써 자신의 감정을 표현하는 방법을 배웁니다.

본 것을 묘사하는 것의 이점(비언어적 행동)

때때로 당신이 보는 비언어적 행동에 이름을 붙이는 것은 2단계에 접근하는 데 유용한 방법입니다. 이는 당신이 그 아이에게 주목하고 아이가 느끼는 것에 관심을 기울이고 있다는 것을 아이에게 보여줍니다. 교사인 사라 선생님은 읽기 과제를 시작할 때 7세 루비의 경험에 이름을 붙여주었습니다.

사라 선생님은 루비에게 교실의 독서 코너에서 선생님과 같이 읽을 수 있도록 책을 가져올 수 있냐고 물었습니다. 루비는 학습이 필요한 불안하고 조용한 아이였다고 합니다. 루비는 책을 가방에서 꺼내서 독서 코너에 오는 데 오랜 시간이 걸렸습니다. 아이는 앉아서 책을 만지작거리고 있었고 선생님은 루비가 읽는 것에 대해 걱정하고 있는지, 그리고 읽기가 어렵다고 말하는 것이 조금 창피한지 궁금했습니다. 그녀는 루비의 팔에 부드럽게 손을 얹으며 말했습니다. "가방에서 책을 꺼낼 때 너의 얼굴과 몸이 행복에서 슬픔으로 변하는 게 보이더라."

오랜 경력 교사인 헬렌은 재이가 선생님 눈에 뭐하고 있는 것 같고 어떻게 보이는지를 묘사함으로써 상황을 진정시키면서 나아갈 수 있었다고 합니다:

헬렌 선생님은 한 담임 선생님으로부터 교실에 와 달라는 호출을 받았습니다. 책상 밑에 숨어서 나오지 않으려고 하는 재이를 나오게 해달라는 요청이었습니다. 헬렌 선생님은 바닥으로 몸을 숙여 테이블에 가까이 다가가 재이에게 말했습니다. "재이야, 테이블 아래에 앉아서 웅크리고 있네. 화가 난 것처럼 보이는데." 헬렌 선생님이 나무라지 않고 아이가 겪고 있는 고통을 이해할 수 있음을 보여주었기에 아이는 선생님께 보호받고 있음을 느끼면서 좀 더 안전하고 연결되는 느낌을 받기 시작했습니다. 헬렌 선생님은 계속해서 "탁자 아래는 불편하고 안전하지 않아. 선생님 사무실에 가서 물 좀 마시고 무슨 일이 일어났는지 알아볼까?"라고 말했습니다. 그녀는 손을 뻗어 아이에게 오라고 몸짓 했습니다. 재이는 책상 아래에서 천천히 움직여서 헬렌 선생님과 함께 사무실로 갔습니다.

다음은 아이의 감정에 이름을 붙이고 수긍하는 방법에 대한 몇 가지 예입니다.

- "그런 일이 있었을 때 화가 나는 것은 충분히 이해 돼. 나한테도 그런 일이 발생했다면 화가 났을 거야. 그렇게 느끼는 게 정상이야."
- "네가 인상 찌푸리고 벽을 차면서 많은 에너지를 뿜어내는 것을 봤어. 나도 뭔가 하고 싶지 않는데 해야 한다면 기분이 나빴을 거야."
- "난 네가 프로젝트에 참여하고 있는 다른 아이들을 둘러보고 있다는 것을 알아차렸어. 지금 네가 하는 게 괜찮을지 걱정하고 있는 것은 아닌지 궁금해. 내가 제대로 봤을까?"

선택의 언어를 사용하기

모든 감정은 자연스럽고 정상적이지만 항상 선택의 문제는 아닙니다. 아이들에게 어른들은 흔히 "그 행동이 좋은 선택이었어, 나쁜 선택이었어?"라고 말할 수 있습니다. 그러나 우리가 스트레스를 받거나 위협을 느끼면 스트레스 반응 체계가 자동적으로 활성화되어 어떤 아이에게는 행동을 선택할 여지가 사라지게 됩니다. 아이는 자동적으로 반응했을 수 있으며 그 과정에 논리, 언어 및 추론은 포함되지 않았습니다. 즉, 의식적으로 그런 행동을 선택한 것이 아니라는 뜻입니다. 따라서 "그게 좋은 선택이었어, 나쁜 선택이었어?"라는 질문을 반복적으로 던지면 아이들은 대답을 할 수 없으며 무반응이거나 심지어 공격으로 여길 수 있습니다. 게다가 시간이 지나면서 아이는 항상 나쁜 선택을 하고 있다는 말을 자꾸 듣다 보면 아이는 자신이 '나쁜' 사람임에 틀림없다는 결론을 내릴 수 있습니다. 어떤 학교의 한 학생이 주구장창 '좋은 선택, 나쁜 선택' 심문을 받더니, 결국 이렇게 울부짖었습니다. "글쎄요, 그렇다면 틀림없이 나쁜 선택이었다고 생각해요.

난 확실히 나쁜 애예요."

　보다 계획적으로 행동한 것으로 보이는 아이의 경우, 행동을 유발한 근본적인 감정을 아이가 이해하거나 알아차리지 못한 채 행동만 바꾸도록 요청하는 것은 올바른 행동으로 이어질 가능성이 낮습니다. 오히려 일탈과 분노만이 쌓이고, 아이의 정서적 능력 발달에 필수적인 어른과 아이의 관계는 형성되지 않습니다.

감정에 이름 붙이기

어떤 사람들에게는 아이가 경험하고 있는 감정에 이름 붙이기를 하는 것이 이상하게 느껴질 수 있습니다. 어떤 사람들은 아이의 감정에 이름을 틀리게(incorrectly) 붙일까 봐 걱정하기도 하고 또 어떤 사람들은 아이에게 자신의 감정을 말하는 것이 '잘못(wrong)'이라고 생각하기도 합니다. 게다가 자신감이나 경험이 부족한 사람들은 감정을 다루는 데 더 능숙한 사람이 감정코칭을 해야 한다고 생각할 수 있습니다. 전혀 그렇지 않습니다.

　감정코칭에 대한 가트맨 박사의 초기 작업은 도전적인 감정을 포함한 다양한 감정을 관리하고 의사소통을 하는 가족들을 관찰하는 데서 비롯되었습니다. 즉 감정코칭은 전문가의 치료법으로 발명된 것이 아니었습니다. 감정코칭은 우리 중 일부가 늘 사용하는 자연스럽고 효과적인 의사소통 방식이지만, 우리 모두는 아이와 더 넓은 범위의 상호작용에 이 방식을 사용하는 방법을 배울 수 있습니다. 실제로 감정코칭을 더 자주 사용할수록 아이의 정서적 · 행동적 자기-조절 지원과 관련된 신경 회로가 자극되고 강화될 기회가 더 많아집니다. 자, 이제 사람들이 아이들의 감정에 이름을 붙이고 수용하는 것을 방해할 수 있는 우려 사항에 대해 좀 더 논의해 봅시다.

"아이들의 감정에 이름을 붙이는 게 어색해요."

아이들과의 의사소통 방식으로 감정코칭을 사용하는 것에 익숙하지 않은 사람들은 때때로 2단계 감정에 이름을 붙이고 수긍하는 것이 이상하게 느껴지고 기계적으로 들릴 수도 있습니다. 새로운 기술을 배우는 과정이므로 충분히 이해할 수 있습니다. 뇌 가소성, 성장 및 학습에 대해 우리가 알고 있는 것을 다시 생각해 보십시오. 우리가 처음 무언가를 시작하면 어색하고 부자연스럽고 억지스러운 느낌이 듭니다. 행동과 관련된 뇌 회로 연결은 처음에는 별로 강력하지 않습니다. 예를 들어 자동차 운전을 배울 때 가속기, 브레이크 및 운전대를 조정하는 데 많은 생각을 해야 합니다. 처음에는 매끄럽게 잘하기가 꽤 어렵지요. 같은 일련의 행동을 계속적으로 연습하면 관련된 뇌 회로가 더 강해지고 빨라집니다. 나중에는 자동으로 변경되기 때문에 기어를 생각할 필요가 없습니다. 어느 교사가 말했듯이 "처음에는 로봇처럼 느껴질 수 있지만 얼마 후 일상적인 말과 함께 사용하게 되면서 정상적으로 느껴지기 시작합니다."

"감정에 이름을 잘못 붙일까 봐서요."

어른들이 감정코칭을 사용하지 않는 일반적인 이유는 '틀릴까 봐' 두려워하기 때문입니다. "그 아이는 이미 너무 많은 일을 겪었는데 내가 잘못된 감정과 단어 연결을 해서 아이를 더 혼란스럽게 하고 싶지 않습니다!"라고 어떤 보조교사가 말했습니다.

아이의 감정에 이름을 잘못 붙이는 것이 걱정된다면, 그것이 반드시 더 악화되지도 않을 뿐더러, 좀 잘못 이해했다 하더라도 여전히 아이를 보호하고 있고 그들과 연결하려고 노력하는 모습을 보여주고 있다는 점을 생각하고 안심하십시오. 당신이 아이와 조율하려고 아무리 열심히 노력해도 항상 성공하지는 못할 것입니다. 트로닉(Tronick, 1998) 박사는 관계에 대한 연구에서 '파열(rupture, 아이의 요구에 어른이 잘못 조율할 때)'과 '보수 작업(둘 사이의 재연결)'이 있을 때 어떤 일이 생기는지 알아보았습니다.

조율 실패는 양육자가 아이에게 반응을 보이지 않거나 아이가 느끼는 감정을 적절하게 반영하지 않는 경우처럼 많은 상황에서 벌어질 수 있습니다. 트로닉은 이 같은 조율 실패가 문제가 아님을 발견했습니다. 실제로 우리는 조율 실패를 일상생활의 일부로 경험할 필요가 있지만 '재조율(조율 재시도)' 또는 '보수 작업'이 부족하면 해롭습니다. 어른이 아이와 다시 연결하고 아이가 보호받고 있고 안전하다고 느끼게 하려는 노력이 없다면 아이는 고통스러워 합니다. 따라서 약간 틀리더라도 계속해서 아이에게 다가가고 연결하고 이해하려는 시도가 핵심입니다. 언제나 다시 시도하면 됩니다.

메건은 감정코칭의 4단계 개념과 프레임워크를 소개받은 후에도 어린 딸에게 감정코칭 하는 것을 일부러 미루었던 어머니이자 교사였습니다. 매건은 감정코칭의 기본 개념을 무척이나 좋아했고 그 가치를 이해했지만 유치원 딸에게 사용하기까지 7개월이나 걸렸습니다. 시도해 봤더니 아주 효과적이고 성공적이었다고 합니다. 왜 그렇게 오래 걸렸느냐는 질문에 매건은 그냥 "잘못할까 봐 겁이 났었어요"라고 말했습니다.

"상황을 호전시키기보다 더 나쁘게 만들까 봐서요"

이러한 우려를 탐구하고 약간의 확신을 주기 위해 우리는 위니코트(Winnicott, 1953)의 작업을 살펴보고자 합니다. 그는 언제나 완벽한 양육자가 되는 것이 늘 좋은 것은 아닐 수도 있음을 고려하여, '괜찮은 양육'이라는 개념을 도입했습니다. 사실 모든 것이 완벽하다면 아이들은 실망이나 역경을 관리하는 데 필요한 적응력과 기량을 개발함으로써 회복탄력성을 키우는 방법을 배우지 못할 수 있습니다. 이 모든 것은 아이의 감정을 알아차리고, 해석하고, 적절하게 반응하는 것이 항상 완벽할 필요는 없다는 뜻입니다.

이름 붙일 때 어떤 감정을 사용해야 할지 막막하다면, 유용한 방법은 분노, 슬픔, 두려움, 혐오감, 놀람의 다섯 가지 기본 감정 중 하나부터 사용해보는 것입니다. 기본 감정 중 하나는 아이가 느끼는 핵심 감정일 가능성이 있습니다. 이것이 도움되지 않으면 '슬픈(sad)', '기분 나쁜(upset)', '화난(angry)' 또는 '실망한(disappointed)'과 같은 보다 일반적인 용어를 사용할 수도 있습니다. 하지만 '기분 나쁜(upset)'은 안 좋은 감정에 대한 포괄적인 단어라서 지나치게 사용하는 것은 미묘한 감정 표현 능력의 발달을 방해할 수 있으므로 피해야 합니다. '틀릴까 봐'라는 걱정을 덜 수 있는 또 다른 방법으로 "혹시 네가 … 이렇게 느끼고 있는지 궁금해."와 같은 문구로 문장을 시작하거나, 또는 "난 네가 … 할 수도 있다고 생각해."와 같이 단정하지 않고 조심스럽게 시작하는 것입니다. 하지만 그럴 때 지나치게 애매모호한 표현은 아이에게 자신의 감정이 덜 중요하다는 느낌을 줄 수 있으므로 피하십시오.

표 3.1은 2단계를 돕기 위한 다섯 가지 기본적인 도전적인 감정과 그로부터 발생하는 몇 가지 일반적인 이차 감정을 알려 드립니다.

단어 선택은 아이의 발달 능력을 고려할 때 특히 중요합니다. 따라서 아

표 3.1 감정 어휘

분노	슬픔	두려움	혐오감	놀람
좌절감	외로움	걱정됨	실망감	혼란스러움
미친 듯 화남	상처받음	불안정함	쓰라림	압도됨
짜증남	죄책감	당황스러움	억울함	깜짝 놀람
기분 상함	무관심	거부당한 느낌	수치스러움	충격받음
위협감	부적절함	취약함	꺼림	경탄스러움

이의 나이에 맞는 편안하고 적절하고 진정성 있는 자신만의 어휘 도구 모음을 개발할 필요가 있습니다.

"아이에게 어른의 감정을 말하는 것은 안 되잖아요"

대부분의 서양 문화에서 지배적인 아이 중심 학습은 아이가 학습을 주도하고, 어른은 조력자 역할을 해야 한다고 강조합니다. 감정코칭은 어른이 아이의 감정을 알아차리고 공감한 다음 이름을 붙이고 확인해야 하기 때문에 어른이 너무 주도하는 게 아닌가 여겨질 수 있습니다. 그러나 여기서 어른이 실제로 하는 것은 아이가 감정 조절 기술을 해 보도록 함께 하는 것입니다. 그 의도는 아이가 감정을 이해하도록 지지해주는 것입니다. 인지적 언어는 뇌의 사고 부분과 뇌의 감정적 느낌 부분 사이의 신경연결을 만드는 데 도움이 됩니다. 목표는 감정 조절을 경험해보는 발판을 만들어주는 것입니다.

요약하면, 완벽하지 못한 감정코칭 시도로 인해 자녀의 감정 발달이 손상될 가능성은 거의 없습니다. 실제로, 우리의 연구는 '실천을 향상하기 위한 연습'의 필요성을 확인하였는데 감정코칭을 의식적으로 연습하면 할수록 더 쉽고 자연스러워지기 때문입니다(Gilbert, 2018).

초기 감정에 주의를 기울이고 감정코칭을 적용하라

가트맨(Gottman and DeClaire, 1997) 박사는 자녀와 함께 감정코칭을 사용한 부모는 아이들이 낮은 정도의 감정을 표시할 때도 감정코칭을 했다고 말했습니다. 그들은 아이가 '뚜껑이 열리고' 완전히 망가질 때까지 기다릴 필요가 없었습니다. 학교와 집에서 자녀에게 계속 관심을 기울이고 알아차리십시오. 예를 들어 모든 아이들이 조용히 수업하면서 선생님이 원하는 모든 작업을 수행하고 있을 때에도 계속 관찰하고 지켜보십시오. 그러면 아이가 감정의 변화를 경험하기 시작할 때와 이것이 어떻게 표출되는지 알 수 있습니다. 연필로 책상을 두드리거나, 의자를 흔들어대거나, 창 밖을 응시하는 등의 수준 말이죠. 이런 행동들은 좌절, 짜증 또는 따분함과 같은 더 어려운 감정의 초기 수준을 암시할 수 있습니다. 이러한 문제는 무시되거나 파괴적인 행동이 나타날 때까지 기다리기보다 우선 알아차리고 공감적으로 처리될 수 있습니다.

1단계와 2단계의 중요성

아이의 감정을 알아차리고 공감한 다음, 이름을 정하고 확인하여 이해한다는 것을 알려주면 감정적 두뇌가 진정되기 시작하고 스트레스 반응 체계가 가라앉습니다. 이것은 우리의 두뇌가 생각하는 두뇌와 다시 연결되도록 하고, 다시 안전하다고 느낄 때 생각과 행동을 주도하도록 사회적 참여체계를 사용합니다.

반 데르 콜크(Van der Kolk, 2014)가 언급한 바와 같이:

> 무슨 일이 일어나고 있는지 감지하고 감정에 이름을 붙이고, 명료화하는 것이 회복의 첫 번째 단계입니다… 우리의 생각, 느낌 그리고 감정에 대해 침착하고 객관적으로 주시하게 되는 것이죠… 그리고 반응하는 데 시간을 할애하면 집행하는 [사고하는] 뇌가 감정적 뇌에 이미 장착된 자율 반응을 억제하거나 조직하거나 조절하게 됩니다.

이를 염두에 두고 이제 3단계를 살펴보겠습니다.

3단계 : 한계 설정

감정코칭의 3단계는 한계를 설정하는 과정으로, 이 단락에서는 몇 가지 주요 쟁점을 살펴보겠습니다. 이는 용납할 수 없는 행동에 대해 명확한 경계를 설정하는 것뿐만 아니라, 1단계와 2단계에서 달성한 감정적 조절과 자녀와의 관계를 유지하는 방법을 고려하는 것도 포함합니다. 특히 아이의 행동이나 요구에 한계를 정하려고 할 때 아이의 고통이 다시 되살아나는 것을 어떻게 피하느냐에 관한 것입니다. 아이의 존엄성과 자긍심을 유지하면서도 한계 설정을 전달하는 긍정적인 방법이 있습니다. 아이의 발달적 특성에 맞게, 고통을 덜 유발하면서도 사회적, 정서적, 행동적 기술을 키워 줄 수 있습니다.

더 진행하기에 앞서, 3단계를 생각할 때 언급해야 하는 두 가지 중요한 주의 사항이 있습니다. 하나는 아이의 안전이 가장 중요하며, 때로는 행동을 바로 멈추어야 할 필요가 감정코칭을 사용해야 할 필요보다 우선되어야 한다는 것입니다. 따라서 아이가 위험에 처하거나 그들의 행동이 다른 사람의 안전을 위협하는 경우, 어른의 역할은 안전과 보호를 보장하기 위한 즉각적인 조치를 취하는 것입니다. 그런 다음 감정코칭은 사건 후에 아이가 사건을 이해하도록 도울 수 있습니다. 둘째, 때로 3단계가 필요하지 않다는 점에 주목하는 것도 중요합니다. 이는 아이의 정서적 혼란이 부적절한 행동으로 이어지지 않은 경우에 해당됩니다. 예를 들어, 아이가 스포츠팀에 선택되지 않아 슬퍼하지만 행동이 적절하다면 제한 설정이 필요하지 않습니다. 슬픔은 욕망이 거부될 때 일어나는 정상적인 감정적 반응이며, 아이에게 필요한 것은 불편한 감정을 어떻게 관리해야 할지에 대한 공감적 반응과 지원을 받는 것이니까요.

한계는 언제 설정해야 할까요?

한계 설정은 아이가 감정을 진정시키는 방법을 찾았을 때에만 합니다. 합리적인 사고와 협력을 통해 대응할 수 있어야 하므로 사회적 참여 체계를 활용해야 합니다. 이것은 감정코칭의 함께-학습(co-learning) 단계의 시작입니다. 이 단계에서는 단순히 아이가 진정하도록 돕는 것이 아니라 기대치를 배우고 기억하도록 지도합니다.

한계 설정이 바람직하게 되려면, 수용 가능한 행동의 바운더리를 명확하게 명시하되 가능한 긍정적인 방법이 좋습니다. 이 단계에서는 아이에게 어떤 행동들은 용납되지 않는다는 점을 이해시켜야 하므로 그렇게 하려는 행동주의적 경향을 재주장하고 싶은 유혹이 있을 수 있습니다. 어떤 사람들은 3단계를 어른의 통제력과 판단력을 보여주고 확실히 해야 하는 부분이라고 잘못 해석할 수 있습니다. 그렇게 되면 이것은 아이의 행동에 대한 어른의 감정이 표면화되는 순간이 되어버립니다. 예를 들어, "너의 행동은 끔찍해. 너 스스로 알아서 제어해야지"와 같은 식으로 말한다는 것이죠. 이보다는 긍정적인 방식으로, "우리 모두 학교에서 서로 친절하자고 한 것 기억하지?"라고 말하는 편이 좋습니다. 조심하지 않으면 의도하지 않게 억압적이거나 권위적인 어조로 되돌아갈 수 있으며, 이는 정서적 연결을 끊어버리고 더 심한 조절 부진(dysregulation)으로 이어질 수 있습니다.

핵심은 아이의 스트레스 반응이 재자극되지 않는 상태에서 아이가 경계/규칙을 듣고, 내면화하고, 받아들일 수 있을 때 한계설정이 이뤄진다는 사실입니다. 따라서 3단계에서 성공의 열쇠는 1단계와 2단계를 통해 아이가 공감, 감정 명명하기, 그리고 수긍을 통해 효과적인 함께-조절을 경험할 수 있도록 하고 긍정적인 언어로 아이의 행동에 대해 조심스럽게 제한을 설정하여 이를 유지하는 것입니다.

한계 설정에서 어른의 역할 : 감정 조절 유지하기

이 시점에서 어른의 목표는 무엇이어야 할까요? 제1장에서 논의한 감정의 거울식 반영법의 효과를 기억하시나요? 아이가 감정을 감당할 수 있고 감정에 압도되지 않으면서 한계를 경험하려면 어른은 함께하는 조절자로서의 역할을 유지하는 게 필수적입니다. 감정코칭을 하는 어른은 감정 조절을 유지하고 침착해야 합니다. 이것이 중요한 이유는 잘 조율된 어른의 뇌를 아이가 보고, 느끼고, 공유하면서 아이도 자기-조절을 할 수 있게 되기 때문입니다.

이 함께-배움 단계를 통해 함께-조절을 유지하는 것이 중요합니다. 효과적인 한계 설정을 통해 아이에게 옳지 않은 행동을 인정할 수 있는 안전한 공간을 제공하는 동시에 용납할 수 없는 것은 아이 자체가 아니라 행동임을 이해하도록 합니다. 이를 위해 어른은 아이의 존엄성과 정서적 연결을 유지하기 위해 안전한 공간을 어떻게 제공하는 것이 최선일지 그 방법을 고려해야 합니다.

이 시점에서 특히 고려해야 할 몇 가지 요소가 있습니다.

신체언어와 표정에 대해 생각하기

첫 장에서 뇌의 핵심 기능이 사회적 상호작용을 통한 학습이라는 연구 결과를 언급한 바 있습니다(Lieberman, 2013). 실제로 포르지스(Porges, 2016)는 다른 사람과 연결하는 능력의 상당 부분이 얼굴과 몸의 신호를 이해하고 사용하는 데 달려 있다고 주장합니다. 신경반복(neuroception)을 통해 무의식적으로, 학습 경험을 통해 의식적으로 우리는 사용되는 단어와 단어가 발화되는 방식, 즉 단어의 속도와 높이, 강조되는 단어, 일시 중지, 비언어적 몸짓, 표정, 머리와 손의 움직임 등이 안전한지 위험한지를 해석하고 식별하도록 계속 알아차립니다. 또한 우리의 거울 뉴런체계는 틀림없이 우리의 두뇌가 다른 사람의 감정과 연결할 수 있게 해주는 한 가지 방법일 것입니다(Cozolino, 2014). 누군가가 당신에게 미소를 짓는데 당신이 되받아 미소를 짓지 않는 것이 얼마나 어려운지 알지요. 해보세요. 하품도 마찬가지입니다. 따라서 몸과 얼굴을 사용하여 효과적인 대인 연결을 만들고 유지하는 것이 중요합니다.

감정코칭은 아이들과 존중하는 관계를 형성하고 유지하는 데 도움이 됩니다. 이는 아이가 자신의 감정에 대해 수치심이나 판단으로부터 안전하다고 느낄 수 있는 사회적 상호작용을 제공합니다. 이는 또한 아이와 상대하는 어른이 그 아이가 자기 행동을 보다 효과적으로 관리하도록 도와주기를 원한다는 것을 보여줍니다. 따라서 이 시점에서 당신은 아이가 무엇을 배웠으면 좋겠는지 자문해 보는 것이 중요합니다. 아이가 이해하고 수용해야 할 중요한 행동의 한계는 무엇이며, 당신의 목소리, 몸짓, 말을 어떻게 하면 가장 효과적인 방법으로 의사소통 할 수 있을까요? 파티마 선생님은 자신이 당번이었던 점심 시간을 기억합니다:

10살짜리 아이가 점심 시간에 으르렁거리며 수저로 테이블을 두드리는 부적절한 행동으로 학교 식당에서 쫓겨났습니다. 나는 아이 앞에 앉아 있었고 아이가 수저로 쿵쿵 치는 것을 멈추기를 기다렸습니다. 두들기는 소리가 가라앉자 곧 나는 관찰한 그의 행동을 말로 표현했죠. "네가 테이블을 두드리고 으르렁거리는 것을 보니까 매우 짜증난 것 같구나." 그가 얼굴을 숨기며 자신의 음식을 밀쳐버릴 때 나는 그 옆에 앉아 거울식 반영법으로 그의 신체언어를 따라하면서 관찰한 것을 말로 해주었습니다. "난 네가 지금 슬픈지 궁금해. 나도 슬플 때 그렇게 하거든."

그 아이는 친구들 앞에서 나이프와 포크를 '제대로' 쓰라고 들어서 화가 났고, 바보 같은 느낌이 들었다고 말했습니다. 나는 이 아이가 집에서 자주 사용하지 않는 나이프와 포크를 사용하는 데 어려움을 겪을 수 있고 그 때문에 힘들고 창피할 수 있겠다는 것을 알게 되었습니다. 나는 그에게 말해줘서 고맙고 나와 함께 밥 먹어도 된다고 말했습니다. 학교에서는 나이프와 포크로 점심을 먹도록 되어 있다고 말하면서 내가 음식 자르는 것을 보여줘서 네가 계속 포크로 먹을 수 있게 도와줄까 하고 제안했습니다. 아이는 내가 그렇게 해주도록 허락했고 그래서 학교의 방식을 따르는 연습을 했습니다.

　파티마 선생님은 아이의 신체언어에 주목했으며, 진정할 수 있도록 자신도 그 신체언어를 사용하면서 (거울식 반영법을 통해), 말로써 선생님이 지켜본다는 것을 알려주고 아이가 느낄 수 있는 감정에 이름을 붙이고 수긍하였습니다. 그런 다음 파티마 선생님은 학교 기대치를 참조하여 행동에 한계를 설정했습니다. 기대는 명확하지 않기 때문에 규칙과 다릅니다. 모든 아이가 특정 시점에 원하는 행동 기준을 충족할 수 있는 것은 아님을 예상할 수 있습니다. 아이들은 기대를 충족하기 위해 지지나 단계적 디딤판(scaffolding)이 필요할 수 있습니다. 규칙보다는 기대가 긍정적이고 건설적인 한계 설정을 지지해줍니다. 일부 학교는 학교와 교실 '규칙'을 '기대'로 대체했습니다. 이러한 변화는 아이들이 사회적, 정서적, 행동적 기술을 이미 갖췄다고 가정하는 게 아니라 아이들의 사회적, 정서적, 행동적 기술을 키우도록 돕는 게 학교의 역할임을 인정하는 것입니다.

신중하게 단어 선택하기 : 어순이 중요한 이유

앞에서 언급했듯이 어떤 사람들은 아이의 특정 행동이 옳지 않다고 말하면서, 아이의 감정을 수용하는 것이 처음에는 어색하게 느껴지기도 합니다. 어떤 언어는 방어적인 '뚜껑 열리는' 반응을 다시 촉발시키는 발화 장치로 작용할 수 있기 때문에 어른이 한계 설정을 어떻게 선택하는지가 중요합니다.

한계를 설정할 때 흔히 발생하는 문제 중 하나는 '그러나(but)'라는 단어인데, 이는 주로 불이행(default) 설정입니다. 예를 들어, "이것이 너에게 불편하고 속상한 일이라는 것을 알아, '그러나' 여동생을 때리는 것은 옳지 않잖니." 이 문장은 공감을 나타내고 감정을 수긍하고 이름을 붙이는 것도 명확합니다. 하지만 '그러나'가 아이에게는 "네가 어떻게 느끼냐는 네가 한 일보다 중요하지 않아"라는 메시지로 들릴 수 있다는 것입니다. '그러나'는 감정을 유발하는 것보다 행동을 강조하기 때문에 아이를 조절부전 상태로 되돌릴 수 있습니다.

한 교사가 원하는 것을 얻지 못하면 '뚜껑 열리는' 어린 소녀 아비에 대한 사례를 말해 주었습니다. 아이는 때때로 가늘 수 없을 정도로 달래지지가 않는 상태가 되어 그럴 때마다 교실에서 쫓겨나야 했고, 교실 밖에서 친구들과 떨어져 지내는 시간이 점점 길어졌습니다. 그 아이와 함께 작업했던 모든 선생님들은 감정코칭을 배워 아이에게 적용했고, 선생님들은 아비가 그들에게 잘 반응하고 눈에 띄게 빨리 진정된다고 믿었습니다. 하지만 3단계에서 '그러나'라는 단어를 사용하면 이전 행동으로 되돌아가 달랠 수 없는 상태로 빠지게 되었습니다. 선생님들은 아이가 문제를 해결하여 자신의 강한 감정을 관리하도록 도와줄 수 없다고 느꼈습니다. 시행 착오를 통해 선생님들은 감정을 수용하고 공감하는 것에서 그냥 멈추는 법을 배웠습니다. 그런 다음 학교 규칙을 설명합니다. 촉발단어 '그러나'를 뺄 때 효과가 있었고 아비가 더 잘 진정하고 침착함을 유지할 수 있었기 때문에 아이가 학교 규칙을 이해하고 학교 공동체에 참여할 수 있도록 도울 기회가 더 많아졌다고 느꼈습니다.

1단계와 2단계에서 긍정적으로 공감하기 위해 한계 설정에 사용된 문구를 고려해보십시오. 예를 들어, "이것이 너에게 불편하고 답답하다는 것을 알아. 그러나 너는 규칙을 알잖아. 집안에서 절대 손찌검은 안 된다는 것 말이야"라고 말하기보다, 기대하고 허용 가능한 행동을 말함으로써 한계를 설정할 수 있습니다. "이것이 불편하고 너를 답답하게 했다는 것을 알아. 가족과 함께 놀 때는 손을 조심해서 움직여야 해." 하지만 행동을 빨리 중단시켜야 한다고 느낀다면 '그러나'란 말없이 "우리 집에서는 때리는 건 안 돼"라고 말할 수 있습니다.

또는 아이의 감정과 행동을 구별하는 방법으로 '그러나'를 사용하는 것이 적절하다고 느낄 때도 있습니다. 우리의 연구에 따르면 '그러나'라는 단어의 사용이 항상 아이의 조절 곤란을 유발하는 것은 아니며 아이가 어떤 행동이 옳고 그른지 명확하게 이해하는 데 도움이 될 수 있음을 보여줍니다(Rose, Gilbert and McGuire-Snieckus, 2015). 여기에서 핵심 메시지는 항상 그렇듯이 아이와 조율된 상태에서 다양한 한계 설정 표현 방법을 시도하는 것입니다.

또 다른 고려 사항은 어른의 언어가 어떻게 아이에게 수치심을 심어줄 수 있는가입니다. 고의가 아니더라도 우리가 아이의 행동을 묘사하는 데 사용하는, 예를 들어 "짓궂다", "못됐다", "창피하다"라는 어조와 단어가 아이 자신을 일컫는 메시지로 전달될 수 있습니다. 한계 설정 단계에서 어른이 무심코 판단을 내리면 행동이 개인화되어 행동이 아닌 아이 자체에 대한 한계가 될 수 있습니다. 예를 들어, "네가 화난 것은 알지만 넌 다른 사람을 따돌리는 행동을 하잖아. 따돌리는 사람은 나쁜 사람이야."라는 메시지는 다른 사람을 왕따시켜서 그 아이가 나쁘다는 것으로 여겨집니다. 이렇게 타이르는 것은 괴로움, 외로움, 불신감을 유발하고 자신에 대한 부정적인 평가를 부추깁니다.

여기서 또 다른 한계 설정의 예시를 살펴보겠습니다. 처음 두 단계는 성공적으로 관리했지만 한계 설정 중에 실수로 더 개인적인 판단 방식의 상호작용으로 빠져든 경우입니다.

매튜는 10살이었고 점심 시간 축구시합에서 분을 참지 못했습니다. 화가 나서 친구를 발로 찼고 그 친구는 응급 구조원이 와서 상처를 소독해야 했습니다. 매튜는 교실로 보내졌고 엄청나게 화를 냈습니다.

선생님 : 안녕 매튜. 화가 잔뜩 난 것처럼 보이는구나. 점심시간에 안 좋은 일이 있었다고 들었어. 축구경기 중에 과열되는 상황이 벌어졌다고 들었어. 게임하면서 에너지가 좀 커져서 많이 화난 것 같은데?

매튜 : 애들 때문에 진짜 화가 났어요.

선생님 : 심각한 거 같구나. 뭐 때문에 그렇게 화가 났는지 궁금하네.

매튜 : 애들이 막 달리고 또 달리고 너무 달려서…… 제가 쫓아갈 수가 없었어요. 그러다가 프레디가 공을 찼는데 제 머리에 정말 세게 맞았거든요.

선생님 : 아이쿠! 정말 아팠겠다!

매튜 : 맞아요. 그런데 아무도 잠깐 멈춰 내가 괜찮은지 물어주지 않았어요. 그래서 프레디가 내 옆을 지나길래 제가 발을 걸고 차버렸어요.

선생님 : 정말 힘든 점심시간이었겠네? 평소에 프레디와 친하다는 거 알고 있어. 네가 프레디를 발로 찬 걸 보면 정말 아프고 화가 났던 것 같아. 그런데 알지? 학교 안에서 우린 어떤 경우에도 남을 다치게 하지 않는다는 걸. 오늘 네가 선택한 행동에 정말 실망했어. 난 매튜를 그 이상으로 생각하니까. 다른 사람을 공격하는 것은 괜찮은 일이 아니고, 넌 프레디를 진짜 다치게 했거든.

매튜 : 난 선생님이 어떻게 생각하시든 상관없어요. 걔는 맞거나 그보다 더 당했어도 싸요.

선생님은 처음에 매튜의 행동 저변에 깔려 있는 감정에 공감적인 이름을 붙이고 수긍하는 모습을 보여 주었고, 이는 매튜와 연결되고 아이와 상황을 통해 이야기하는 데 성공했습니다. 그러나 한계 설정(마지막 단락) 단계에서 선생님은 "나는 너를 그 이상으로 생각했어."라고 말하면서 자신의 판단을 개인화하기 시작했습니다. 선생님은 또한 "네가 오늘 선택한 행동"이라고 말함으로써 고의적으로 나쁜 행동을 선택했다고 가정함으로써 '행동주의적' 사고로 되돌아갔습니다.

그가 친구를 걸려 넘어지게 하기 위해 '선택'했다고 주장할 수 있지만, 그의 행동은 주로 물리적 공격(머리를 때리는 공으로 인한 부상)과 심리적 공격(그가 괜찮은지 확인하기 위해 멈추는 사람은 아무도 없음에 오는 불의)에 반응하는, 아이의 '아래층' 뇌에 의해 주도되었습니다. 이러한 사건은 스트레스 반응을 촉발하여 사고하는 뇌(전전두엽)에 대한 접근 및 지원을 제한하고 싸우거나/도망가는 메커니즘으로 인한 행동에 의존합니다. 따라서 그의 행동은 의식적 추론을 반영하지 않았으며 결과적으로 범위와 통제 면에서 별 효과가 없었던 것입니다.

한계를 설정하려는 선생님의 시도는 어조와 연결의 성격을 변화시켰고, 매튜의 행동에 깔린 감정을 이해함으로써 만들어졌던 조율이 깨지고 사라졌습니다.

대안적인 접근 방식으로는 그런 상황에서 선생님이 보고 싶은 행동을 구체적으로 설명해주거나 가르쳐주는 것이며, 그러면서도 여전히 한계 설정을 포함하고 강조하는 것입니다.

선생님 : 점심 시간에 정말 힘들었겠네? 평소에 프레디랑 친하다는 거 알고 있어. 네가 프레디를 발로 찬 걸 보니 정말 아프고 화가 났었구나. 학교에서 우린 서로 안전하게 놀아야 해. 우리 모두가 동의한 것을 기억하지? 화가 나

면 잠시 게임에서 빠져나오면 돼. 잠깐 멈추면 진정하는 데 도움이 되거든.

이 버전은 바람직한 행동을 명시하고 매튜의 존엄성을 그대로 유지하면서 기대치를 분명히 합니다. 이 언어는 포괄적이고 편견이 없으며 기대되는 것을 강화하고 매튜가 자신의 감정을 조절하고 안전하게 놀기 위해 해야 하고 할 수 있는 일을 상기시켜줍니다.

아이의 감정으로부터 어른의 감정 분리하기 : 어른 먼저 산소 마스크를 착용하고 아이 챙기기

어떤 교사들은 1단계와 2단계를 사용하고 3단계를 조심스럽게 사용했음에도 불구하고 감정코칭이 여전히 잘 되지 않는다고 말합니다. 감정코칭이 모든 아이에게 매번 효과가 있는 만병통치약이 아니라는 점을 받아들이는 것이 중요합니다.

그런 문제가 발생할 한 가지 가능성은 어른이 자신의 감정 세계를 인식하지 못하거나 무시하거나 관리하는 데 어려움을 겪을 때, 그리고 감정코칭 과정 외에 자신의 논제를 지키려 할 때 일어날 수 있습니다. 우리 모두는 감정이 있으며 이 감정들은 무시하기가 어렵다는 것을 압니다. 우리 자신의 감정이 강하면 방해가 될 수 있으며 교묘하게 감정코칭 과정을 이탈할 수 있습니다. 이것은 특히 3단계에서 쉽게 발생되는데 충동과 습관에 기초한 행동으로 되돌아가거나 어른이 만족할 만한 결과에 도달하려고 우리의 신체적 힘과 권력에 의존할 때 벌어집니다.

세 살배기 조이가 보모와 함께 있는 예를 생각해 보십시오. 보모는 어린이집에서 아이를 데려오려고 했지만, 아이는 자신이 고른 장난감을 계속 가지고 놀고 싶어 했습니다.

보모 : 집에 안 가고 계속 놀고 싶은 거 알아. 그 장난감은 진짜 알록달록 하고 가지고 놀면 재밌겠네.

조이 : 집에 가기 싫어!

보모 : 놔두고 빨리 나와, 늦기 전에 집에 도착해야 돼.

조이 : 싫어!

보모 : 알잖아? 이렇게 장난 칠 시간이 없다니까. 하루 종일 이 장난감 가지고 놀았으니 이제 놔두고 나와(아이를 안는다).

조이 : (울면서 발버둥 친다) 싫어 싫어!

이런 상황에서 보모는 시간에 쫓기는 압박을 느낍니다. 보모는 조이가 노는 것을 당장 중단하고 집에 가야 된다는 것을 압니다. 다시 말하지만, 이 상황은 보모가 아이의 감정을 알아차리고, 이름을 붙이고, 수용하면서 잘 시작되었습니다. 그러나 상호작용은 한계 설정에서 빗나갔고, 보모는 왜 집에 가야 하는지에 대한 이유를 말하면서, 아이가 이해하는 데 도움을 주기보다는 자신의 논제로 되돌아가 목표를 달성하기 위해 물리적인 힘을 사용했습니다. 미리 내다보면서 생각하고 1단계에서 언급한 STAR 약어(Gus, 2018b)를 사용했더라면 보모는 침착함을 유지하고 원하는 결과를 얻는 동시에 조이가 규칙과 루틴을 배우는 데 도움이 되었을지 모릅니다.

그랬다면 보모는 다음과 같이 말했을 것입니다.

보모 : 오늘 집에 가는 것보다 여기서 계속 놀고 싶어하는 것 알아. 이 장난감은 정말 알록달록하고, 가지고 놀면 재미있겠네.

조이 : 집에 가기 싫어!

보모 : 네가 싫다는 거 이해해. 계속 놀고 싶지.

조이 : 응

보모 : 나도 재미있게 놀다가 그만 두기 어렵다는 거 알아.

조이 : 왜 더 놀면 안 돼?

보모 : 더 놀 수 있으면 좋겠지. 이제 밖이 어두워지니까 어린이집도 문을 닫아야 해. 봐봐, 친구 모두 코트를 입고 집에 가잖아. 나는 배가 고픈데, 너는 어때? 그리고 오늘 저녁에 소시지를 만들 거야. 내일 이거 다시 가지고 놀 수 있도록 선생님께 이 장난감을 특별한 장소에 둘 수 있는지 여쭤보자.

학교 또는 가정 내에서 일관성 있는 접근 방식의 이점

학교 환경에서는 아이와 상호작용하는 여러 다양한 어른들이 있습니다. 모든 교직원이 감정코칭을 사용하는 학교 전체적(whole-school) 접근 방식의 이점은 다음 예에서 볼 수 있습니다. 기억하시겠지만 2단계에서 우리는 샘의 과학 수업을 지원하고 있던 마리아 선생님을 만났고 아이가 '뚜껑이 열렸을 때' 마리아 선생님은 감정코칭으로 샘이 감정조절을 하도록 도왔습니다. 아이는 마침내 눈에 띄게 평온해졌습니다. 선생님은 이제 아이가 사고하는 두뇌를 사용하여 말하고 들을 수 있다고 느꼈고, 아이는 더욱 건설적인 결과를 위해 자신의 감정을 관리할 수 있는 다양한 방법을 논의할 준비가 되었습니다. 그러나 보다 전통적인 행동주의적 관점으로 행동을 제한하기로 결정한 다른 어른이 개입하면서 샘은 다시 조절에 곤란을 보였습니다.

주임 교사가 복도로 나와 마리아 선생님과 샘 사이에 무슨 일이 일어나고 있는지 보았습니다. 그녀는 흩어져 있는 휠체어와 내동댕이 처진 보행보조기를 보고 매우 화난 목소리로 말했습니다. "샘 네가 다 이렇게 했다는 것이 정말 슬프구나. 이 학교 아이들은 모두 장비가 필요하잖아. 만약 다른 아이들이 와서 네 물건을 부수어 버리면 어떨 것 같아? 그런

망나니 행동을 하면 어떤 일이 벌어질지 알잖아, 빨리 다 정리하고 사과
해"라고 말했습니다.

샘은 바닥을 뚫어져라 내려보았고 얼굴을 붉혔습니다. 마리아 선생
님은 샘이 느낀 수치심과 두려움이 심통 부리며 화를 내는 행동으로 나
온다고 느꼈습니다. 마리아 선생님은 지금 샘과 함께 치우는 중이라고
설명했고, 그 주임 선생님은 자기 방으로 돌아갔습니다.

샘이 다시 폭발할 것 같아서 마리아 선생님은 다시 처음부터 감정코
칭을 하였고 둘은 다시 진정 상태로 돌아왔습니다.

이는 복잡한 예이지만, 3단계의 긍정적인 한계 설정이 얼마나 1, 2단계
작업을 강화하고 구축하는지에 대해 많은 것을 보여줍니다. 또한 아이와
함께 작업하는 모든 어른들의 접근 방식에 일관성이 필요하며, 일관성이
없으면 아이가 자기-조절을 개발하고 관리하는 데 방해가 될 수 있음을 보
여줍니다. 이제 마지막 단계를 살펴보겠습니다.

4단계 : 문제 해결

문제 해결은 감정코칭 과정의 마지막 부분이며 아이가 당신과 함께 감정에
대한 반응을 탐색하고 이해하기 위해 작업할 수 있는 기회를 제공합니다.
이 단계에서는 아이가 사건을 서술적으로 말하게 도와줌으로써 감정적인
순간에 어떤 일이 일어났는지 이야기 나눕니다. 이러한 서술적 말하기는
관계를 이해하도록 돕고 끌어주고 후속 행동을 알려주는 아이의 **내적작동모
델**(internal working model)에 기여합니다. 서술적 말하기는 또한 자신과 타
인의 감정에 대한 반응과 대응, 추론이라는 그들이 형성하는 초감정 철학
에 영향을 미칠 것입니다. 어른들이 발판으로 세워준 문제 해결을 디딤돌

로 아이들은 감정과 자기-조절을 배우게 됩니다. 그들은 더 다양한 상황에 참여하고 일상생활의 기복을 관리할 수 있도록 평생 도구 키트에 대한 기술이나 도구를 발달시켜 나갈 수 있습니다. 이 단락에서 우리는 문제 해결의 목적과 4단계가 어떻게 아이들이 자신의 감정과 행동에 대한 주인의식을 더 강화시키고 회복탄력성 기술에 기여하는지 논의합니다. 우리는 또한 3단계, 한계 설정 및 4단계 사이의 상호작용을 살펴봅니다.

문제 해결의 목적

4단계에 도달하면 아이는 무슨 일이 일어났는지, 왜 그런 일이 일어났는지, 그리고 가장 중요한 것은 그런 일들을 어떻게 다르게 처리할 수 있었는지 이야기할 준비가 되어 있습니다. 이 시점에서 어른은 아이의 발달 단계에 적절한 지원을 제공하면서 기분과 감정이 때때로 통제를 벗어날 수 있지만 그에 대한 반응과 행동, 즉 행동은 관리할 수 있음을 깨닫게 도와줍니다. 자꾸 연습하다 보면 어떻게 행동할지를 선택할 수 있으며, 심지어 어려운 감정을 경험할 때에도 행동을 선택할 수 있다는 것이지요.

  4단계는 아이들에게 자기제어를 통해 갈등을 평화롭게 관리하고 해결할 수 있다는 것을 가르쳐줍니다. 만족을 지연할 수 있고 자제력을 발휘하는 능력은 학업 성과와 긍정적으로 연관됩니다. 충동에 저항할 수 있는 능력이 클수록 학업적 성공 가능성이 높아집니다(Duckworth and Seligman 2005). 실제로 리버먼(Lieberman, 2013)은 자제력이 근육과 같다고 말합니다. 가트맨 박사와 디클래어(1997)도 좋은 근육의 긴장도와 힘을 가진 아이들이 스포츠 활동을 잘하는 것처럼 미주신경 탄력성이 좋은 아이들은 정서적 스트레스에 더 잘 반응하고 회복한다고 말합니다. 따라서 감정코칭을 하는 어른은 아이에게 함께-조절하고, 기술을 연습하고, 자기-조절을 위한 레퍼토리를 개발할 수 있는 많은 기회를 제공합니다. 조율된 어른의 반응을 모방하고 경험하고 자기-조절을 연습함으로써 아이는 자신의 미주신경의 탄력성을 개발하고 개선할 수 있습니다.

　문제 해결 과정은 아이가 자제력을 발휘하고 이전 행동 반응을 보다 유익하고 사회적 기대에 맞게 조정하는 방법을 고려해보도록 합니다. 이런 성공을 하다 보면 변화를 강화하고 수긍하며, 새로 습득한 자기-조절 기술이 학습의 다른 영역에까지 확장되어 전반적으로 더 나은 학업성취로 이어질 수 있습니다(Gus et al., 2017; Rose et al., 2019). 우리는 문제 해결에 적극적으로 참여하는 것이 잠재적으로 아이의 두뇌 발달에 영향을 미칠 수 있는 이점을 제공한다고 제안합니다.

　감정코칭은 지속적인 상호관계 속에 이루어지며, 이 문제 해결 단계에서 어른은 아이가 앞으로 생길 상황에 [한 가지 반응이 아닌] 다양한 버전을 생각해 볼 수 있도록 이끌어줍니다. 4단계는 아이들에게 (우리 모두가 그렇듯) 감정의 결과로 저지르는 불가피하고 예측할 수 있는 실수를 받아들이는 관계를 제공합니다. 그것은 그들 자신, 주변 세계, 그리고 그 안에 있는 다른 사람들에 대해 자신이 영향을 미친다는 것을 배울 기회를 제공합니다.

　예를 들면 딜란과 리치는 다섯 살이었고 놀이터에서 함께 만든 자동차의 운전을 누가 할지를 두고 싸웠습니다. 딜란은 앞자리에 있던 리치를 세게 밀쳤고 그는 넘어져 팔을 다쳤습니다. 두 아이는 모두 화가 났고 리치는 점심 시간에 감독 선생님과 함께 팔을 소독하러 갔습니다. 담임교사 자말 선생님은 딜란을 진정시키기 위해 감정코칭을 했으며 장난감과 물건을 공유할 때 '친절한 손(kind hands)'을 사용하고 '학교의 기대에 따르는 것'의 중요성에 대해 이야기했습니다. 선생님은 이제 딜란이 문제 해결을 할 준비가 되었다고 느꼈습니다:

　자말 선생님 : 친구가 먼저 운전석에 앉았네. 네가 만든 차에 맨 처음으로 운

전석에 앉고 싶어서 그렇게 화가 났을까, 궁금한데?

딜란 (위를 쳐다보며) : 예, 불공평해요. 내가 차를 만들었으니까요. 리치 것이 아니라 내 거예요.

자말 선생님 : 네가 차를 거의 다 만들었기 때문에 그 차를 운전하는 것은 그 애가 아니라 너의 권리라는 거지?

딜란 : 네.

자말 선생님 : 리치도 화났고 팔도 다쳤어 (잠시 멈춤). 다른 사람을 밀치는 것은 다칠 수 있기 때문에 위험해. 리치에게 너의 불편함을 알릴 수 있는 다른 방법을 생각해 볼 수 있을까?

딜란 : 글쎄요, 이렇게 말할 수 있겠죠…리치야, 이것은 내 차니까 내가 운전한다고?

자말 선생님 : 시작을 훌륭히 잘했네. 리치도 같이 만들었기 때문에 자신의 차라고 생각할 수 있지 않을까?

딜란(고개를 끄덕이며) : 글쎄요, 내 옆에 같이 앉을 수 있지 않았을까요?

자말 선생님 : 좋은 생각이야, 딜런. 리치는 네가 모험을 할 때 네 옆에 앉았을 수도 있었어. 어쩌면 너희들이 차례차례로 운전을 해 볼 수 있지 않았을까?

딜란 : 예, 아마도요.

자말 선생님 : 지금 리치가 어디 있는지 궁금하네. 충격이 큰 것 같던데. 친구가 밀칠 거라 생각하지 못했을 테니까. 가서 리치를 찾아볼까?

딜런 : 난 미안하다고 안 할 거예요.

자말 선생님 : 그래. 지금은 사과하고 싶은 생각이 없구나. 그러나 가서 리치가 괜찮은지 알아볼까?

딜런 : 좋아요

선생님과 딜런이 차에 왔을 때 리치는 팔에 깁스(석고붕대)를 하고 차에 앉아 있었습니다. 아무런 부추김이 없었는데도 딜런이 이렇게 말했습니다. "괜찮아, 리치? 내가 밀어서 미안해. 운전 같이 하자. 그리고 왕초 운전사는 차례로 하자."

이러한 상호작용을 통하여 자말 선생님은 딜런에게 자신의 행동의 결과로 친구 리치가 어떻게 느꼈을지를 이해시키고 미래와 어떤 다른 모습이 보일지 생각해보도록 타일렀습니다. 자말 선생님은 진심으로 딜런의 말과 그의 입장을 들었고, 좀 더 받아들이기 쉬운 문제 해결 방법을 생각하도록 타일렀습니다. 이 예는 허용 가능하고 합당한 해결책을 떠올리도록 자말 선생님이 문제해결의 과정을 통하여 딜런을 어떻게 지도하는지 보여줍니다. 또한 딜런은 자신의 세계에서 선택의지를 가질 수 있고 책임감을 갖는 연습을 할 수 있다고 느꼈습니다.

책임과 권한 부여 : 미래를 위한 해결책

압도되는 감정을 경험함으로써 도전적이거나 용납할 수 없는 행동이 초래될 때 무슨 일이 일어났는지, 왜 그런 일이 일어났는지 생각해 볼 기회는 아이가 상황을 이해하는 데 도움이 될 수 있습니다. 이는 자신의 행동과 그것이 다른 사람들에게 미치는 영향에 대해 성찰하는 능력을 향상시키고, 관점 수용 기술을 개발하고, 관계를 회복하고, 회복력을 키워줍니다. 4단계는 무슨 일이 일어났는지 이야기하고 아이가 그런 강한 감정을 경험할 때를 대비해 다른 행동들을 고려할 기회입니다. 따라서 핵심 질문은 "다음에 그런 기분이 들 때 무엇을 할까?"입니다.

아이는 1단계와 2단계 덕분에 함께-조절을 해보았고 예상되는 행동의 한계를 명확하게 인지하게 되었습니다(3단계). 아이에게 다른 가능한 행동 방식을 고려해보라는 질문은 어른이 아이에게 선택권을 제공한다는 것입니다. 모든 감정을 수용할 수 있다는 메시지는 유지하되, 어쩌면 같은 상황이 다르게 처리될 수 있음을 인정하고 무엇이 아이에게 '다르게' 보일지 고려하는 것입니다.

8세 여자아이가 읽기와 쓰기 수업 중에 교실에서 큰 소란을 일으켰습니다. 선생님은 아이와 함께 1, 2, 3단계를 완료한 다음 문제 해결을 시작했습니다:

> 선생님 : 쓰기가 너무 힘들어 정말 좌절감이 느껴질 때, 갑자기 다른 모든 좌절감도 다 튀어나와 어쩔 수 없이 네가 화를 낼 수밖에 없구나.
>
> 클로이 : 어쩔 수 없어요.
>
> 선생님 : 그래, 그런 느낌이 들 거야. 쓰기 수업이 네게 골치 아플 수 있어서 네가 좀 불안하거나 확신이 안 드는 느낌 들기 시작하면 선생님은 바로 도움을 주고 싶어. 다음에 그런 기분이 들 때 나에게 알려주기 위해 어떤 일을 할 수 있는지 궁금하네?
>
> 클로이 : 모르겠어요.
>
> 선생님 : 자, 생각해보자. 공부가 제대로 되지 않을 때 선생님께 알려주기 위해 어떤 걸 할 수 있는지 생각해 볼 수 있을까?
>
> 클로이 : 좋아요.

이 시나리오에서 아이는 자신이 하고 싶은 일에 대해 생각할 시간이 주어졌을 뿐, 교사가 해결책을 제시하지 않는다는 점에 주목하는 것이 중요합니다. 어른은 나이가 많고 경험이 많기 때문에 행동 방법을 결정하는 데 많은 지식과 다양한 방법을 가지고 있습니다. 따라서 특히 시간이 부족할 때 아이에게 실행 전략을 제시하고 싶은 마음이 들 수 있습니다. 그러나 아이가 감정에 대한 대안책으로 자신의 아이디어를 개발할 수 있도록 함으로써 첫째, 행동은 자신의 선택이 될 수 있고 둘째, 행동을 관리하고 변경할 수 있는 자원이 자신 안에 있다는 것을 가르치고 있습니다.

중요한 배움은 아이 스스로 찾은 해결책에 대해 이야기를 나눌 때 이뤄지며, 이는 아이의 능력과 회복탄력성을 강화하는 데 도움이 됩니다. 아이 자신의 해결책에 관한 이런 대화는 아이의 감정과 행동 선택을 관리하는 자율성을 발달시킵니다.

그러나 이런 기회는 도전이 될 수 있고, 처음에는 어른의 지지가 필요할 수 있습니다. 가트맨 박사와 동료들(1997)이 제안한 것처럼, 아이가 아직 어리거나 하기 어려울 경우 해결책을 생각하는 능력이 제한적이므로 어른의 아이디어는 굉장히 가치 있다는 점을 기억해야 합니다. 즉 가능할 때마다 아이의 아이디어를 사용하여 해결책을 찾기 위해 함께 노력한다는 것이 요지입니다. 어른은 아이를 진정시키는 데 도움이 되는 전략을 제공하기보다 실제로 할 수 있는 일에 대한 추가 제안으로 문제 해결력을 조금씩 늘려 가는 단계식 디딤판을 제시할 필요가 있습니다. 4단계의 핵심은 아이와 아이의 해결책을 제안하는 능력과의 지속적인 조율입니다.

문제 해결 프레임워크

감정코칭의 4단계는 다양한 문제 해결 방법을 통합할 수 있습니다(보완적인 전략 지원에 대해서는 제6장 참조). 어느 것을 사용할지는 아이와의 관계, 발달 단계 및 주어진 시간에 따라 결정됩니다.

간단한 모델은 아이를 도울 수 있는 방법에 대해 생각하는 것입니다.

• 문제를 일으킨 아이의 감정과 원하는 바(needs)를 탐색한다: 아마도 아

이가 자신의 행동으로 무엇을 성취하려고 했는지, 멈추고 싶거나 시작하기를 원하는 바를 생각하도록 도울 수 있습니다: "어떤 일이 생기길 바랬니?", "그걸로 뭘 이루고 싶었어?"

- 아이가 감정을 어떻게 느끼는지를 물어봄으로써 감정을 더 잘 알아차린다: "이런 일이 일어났을 때 어떤 기분이 들었어?", "무엇 때문에 그렇게 느꼈어?", "이전에도 그렇게 느껴본 적 있니?"

- 다른 행동을 통해 자신의 감정을 표현하기보다 건설적인 방법을 위해 아이디어를 공유한다: 이는 아이들의 생각을 단계적 디딤판을 통해 해결책으로 만들어 나갈 수 있다: "때리는 것 대신에 네가 뭘 할 수 있었을지 생각해보자", "아이디어 목록을 함께 만들어 보자", "내가 좀 도와준다면 우리가 무엇이 최선일지 정할 수 있을 거야", "너의 기분을 대처할 수 있는 다른 방법을 생각해 볼 수 있을까?", "대처할 수 있는 다른 방법을 생각할 수 있도록 좀 도와줄 수 있어?", "이전에 이런 느낌이 들었을 때 뭘 했는지 기억하니?", "대신 이렇게 하는 걸 생각해 봤니?"

- 아이가 다음 번에 대안을 선택할 수 있도록 해결책에 동의한다: "다음에 이런 기분이 들 때 무엇을 할 수 있는지 결정하자", "다시 이런 기분이 들 때~을(를) 시도해 보자.", "다음에 이런 기분이 들 때 이것을 시도하고 해보자", "다음에 이런 기분이 들 때 무엇을 할 것인지 결정하자", "그렇게 하는 것이 너와 다른 사람들에게 더 도움이 될까?"

문제 해결은 복잡하거나 시간을 많이 쓸 필요가 없습니다. 1단계와 2단계를 수행한 후에 문제해결은 단지 이전에 했던 대화의 상기일 수도 있습니다. 보조교사인 대니는 글을 읽고 쓰는 것이 어려운 여덟 살 소년 무하마드가 수업 시간에 공부하기를 거부했을 때를 떠올립니다. 그는 두 팔을 움켜잡고 소지품 보관실로 달려갔습니다.

나는 무하마드를 따라 소지품 보관실로 들어가 그가 진정할 기회를 주
려고 몇 분을 기다린 후 다가가서 눈높이를 맞추고 아이 옆에 앉았습
니다. 아이에게 그가 정말로 슬프고 화난 것처럼 보인다고 말했고 내
말이 맞는지 확인했습니다. 공부가 힘들어 보이고 못할까 봐 걱정되어
서 그런 마음이 들었는지 물어보았습니다. 무하마드는 그렇다고 했고
혹시 틀리면 "바보처럼 보일 것" 같다고 덧붙였습니다. 나는 표정과
몸짓으로 감정이입을 하려고 노력했고, 나도 새로운 것을 배워야 할
때 힘들다고 덧붙였습니다.

그런 다음 가능한 한 중립적으로 한계를 설정했습니다. 무하마드에
게 학교에서 최소한 어떻게 수업에 참여하려고 노력해야 하는지에 대
해 이야기한 적이 있음을 부드럽게 상기시켜주었습니다. 이런 기분일
때 소지품 보관실에 달려가는 대신에 그가 할 수 있는 일에 대해 우리
가 전에 이야기한 적이 있었다고 아이에게 상기시켰습니다. 잊어버렸
다고 해서 우리는 다시 할 수 있는 일에 대해 이야기하고 다음에 이런
기분이 들 때 선생님께 알릴 수 있는 방법에 대해 이야기했습니다. 나
는 그 아이의 공부를 돕기 위해 내가 무엇을 할 수 있는지 말하면서 그
를 안심시켜주었습니다. 무하마드가 다음에 할 일을 적어두는 것이 기
억에 도움이 될 것이라고 말했고, 우리는 상황이 어떻게 되었는지 알기
위해 다시 만나기로 했습니다.

대니 선생님은 자신의 감정을 무하마드에게 반영하자마자 아이가 긴장
을 풀었다고 보고했습니다. 진정된 아이는 강한 감정을 제어하기 위해 다
양한 방법을 기억하고 공유할 수 있었고 자신이 애를 쓰면서 힘들 때 선생

님께 알려줄 수 있다고 하였습니다. 대니 선생님은 아이에게 선생님이 도와줄 수 있음을 말하면서 아이를 안심시켰고 무하마드는 몇 분 후에 교실로 돌아와 정해진 수업을 계속할 수 있었습니다. 이 짧은 상호작용에서 무하마드는 자신이 제어하기 어렵다고 느끼는 강한 감정을 이해하고 공감하는 조율된 어른을 만날 수 있었습니다. 대니 선생님의 지원 덕분에 아이는 자신의 감정을 표현하고 수업에 대한 기대치를 상기시킬 수 있었습니다. 선생님의 반응은 아이에게 자신의 감정에 대한 주인의식을 가질 수 있는 힘을 주었고 앞으로 어떻게 대처할 것인지 답을 찾을 수 있다는 확신을 주었습니다. 이 예에서 문제 해결은 간단했습니다. 대니 선생님은 행동주의적 접근 방식을 취할 수도 있었지만 그랬다면 감정에 대한 학습과 아이를 관리하는 데 도움이 되는 기술은 거의 개발되지 않았을 것입니다.

한계 설정과 문제 해결 간의 상호작용

한계 설정과 문제 해결의 순서를 바꿔야 하는 경우도 있으며, 그럴 때 한계 설정(3단계)보다 문제 해결(4단계)을 먼저 합니다. 특히 조율되지 않는 감정을 경험하는 어른에게 감정코칭을 할 때 더욱 그렇습니다.

학부모인 맨디는 방과 후에 교실로 찾아왔습니다. 그녀는 폴 선생님이 자신의 아들에게 부당하다고 여겨지는 제재를 가했기 때문에 매우 화가 났습니다. 엄마는 약속을 잡지 않고 왔기 때문에 폴 선생님을 놀라게 했습니다. 그러나 선생님은 상황을 해소하기 위해 감정코칭을 하려고 했고 한계를 설정하는 3단계까지는 잘 진행되는 것 같았습니다:

> 학부모 : 어제 코너에게 내린 처벌이 정당하다고 생각하는 이유를 알고 싶어서 찾아왔습니다.
>
> 선생님 : 안녕하세요, 코너 어머님. 혹시 그 일에 대해 저와 함께 앉아서 이

야기 나눌 시간이 좀 있으신지요? 제가 한 일이 부당하다고 여겨져서 기분이 언짢으신 것 같네요.

학부모 : 네, 그래요. 아이가 잔뜩 화가 나서 집에 왔는데 나는 그 이유를 몰랐어요.

선생님 : 아이들이 화난 채로 학교에서 집에 오면 진짜 가슴이 덜컥하죠. 그런 일이 일어나서 정말 죄송합니다.

학부모 : 네, 그래요.

선생님 : 또한 저를 만나시려면 미리 약속을 잡으셔야 한다는 말씀을 드리고 싶어요. 한 학부모님이 아무 때나 오시면 다른 학부모님들도 그러기 시작하실 테고, 그러면 참 곤란해지거든요. 그래서 선약제를 만든 거예요.

학부모 : 그런데요, 전 학교 제도가 어떤지 상관 안 해요. 전 단지 우리 아들에게 무슨 일이 있었는지, 그리고 왜 선생님이 아들의 기분을 상하게 했는지 알고 싶을 뿐이에요.

이 상황에서 한계설정(마지막 단계)은 1과 2단계에서 이룬 진정 효과를 상쇄해 버렸습니다. 폴 선생님은 의기소침해졌고, 올 때보다 더 화가 난 학부모를 문제해결에 참여시킬 수가 없었습니다. 다른 버전으로 이 대화를 보겠습니다. 이번에는 3단계가 상호작용의 맨 끝으로 옵니다:

학부모 : 어제 코너에게 내린 처벌이 정당하다고 생각하는 이유를 알고 싶어서 찾아왔습니다.

선생님 : 안녕하세요, 코너 어머님. 혹시 그 일에 대해 저와 함께 앉아서 이야기 나눌 시간이 좀 있으신지요? 제가 한 일이 부당하다고 여겨져서 기분이 언짢으신 것 같네요.

학부모 : 네, 그래요. 아이가 잔뜩 화가 나서 집에 왔는데 참을 수가 없네요.

선생님 : 아이들이 화난 채로 학교에서 집에 오면 진짜 가슴이 덜컥하죠. 그런 일이 일어나서 참 미안합니다.

학부모 : 네, 그래요.

선생님 : 여기 좀 앉으세요. 어떻게 됐냐면요 (선생님이 설명한다). 그래서 코너의 행동에 약간 문제가 있었는데 이에 대해 어머님과 같이 얘기 나눌 수 있어 참 다행입니다. 어머님과 제가 머리를 맞대고 코너에게 일어난 일을 풀어 보고 코너를 바로 도울 수 있는 행동계획을 만들어 낼 수 있을런지요?

학부모 : 예, 도움이 되겠네요.

코너 어머니와 폴 선생님은 코너를 돕기 위한 행동 계획을 결정하였습니다.

이 상황에서 한계를 설정하고 문제를 해결하기보다는 문제 해결에 아이의 엄마를 초대함으로써 그 엄마의 주요 스트레스원이 퇴치되었습니다. 이러한 접근방법은 선생님이 부모와 함께 직접 작업할 수 있는 기회를 만들고, 보다 신뢰가 형성되고, 열려 있고, 서로 돕고자 하는 대화 구도가 생기게 됩니다. 맨디 여사는 아들이 왜 벌을 받았는지 이해하고 자신의 일차적인 염려에 해결책을 찾았고 또한 행동 계획을 서로 공유할 수 있었습니다. 이제는 한계 설정이 가능하게 되는 거죠. 예를 들면, 부모와의 대화 말미에 선생님은 다음과 같이 말할 수 있을 것입니다:

폴 선생님 : 정말 감사합니다. 참으로 유익한 대화였습니다. 어머님과 제가 둘 다 만족할 만한 계획을 갖게 된 것이 정말 기쁩니다. 다음에도 이렇게 할 수 있으면 정말 유익할 것 같아요. 다음에 이렇게 저랑 말씀 나누고 싶으시면 미리 전화 주시고 오실 수 있으신지요? 그렇게 되면 다른 사람과의 약속과

겹치지 않는지 쉽게 확인되어 부모님을 만날 때 온전히 집중할 수 있거든요.

그러나 3단계와 4단계를 서로 바꿔 사용할 수 있거나 그럴 필요가 있더라도 이는 1단계와 2단계가 확실히 잘 정립된 경우에만 가능하다는 점을 늘 기억하는 것이 중요합니다. 처음 두 단계는 성공적인 함께-조절을 가능하게 하고 이것이 없으면 3단계와 4단계는 덜 성공적일 것입니다.

4단계 감정코칭 프레임워크에 대한 알림

이 장에서는 감정코칭을 '실행'할 수 있는 방법에 대해 자세히 살펴보았습니다. 학교와 지역사회 환경에서 감정코칭을 사용하는 어른은 바쁠 때 4단계 프레임워크가 도움이 되며 상황을 관리할 수 있는 자신감을 갖게 해준다고 보고했습니다. 표 3.2는 4단계 프레임워크를 요약하고 각 단계에서 어른의 역할을 요약합니다.

표 3.2   감정코칭의 4단계 프레임워크(© EMOTION COACHING UK)

	감정코칭의 4단계	어른이 할 수 있는 일
1단계	아이의 감정을 인식하고 공감하기	멈추고, 생각하고, 조율하고, 반영하기
2단계	감정에 이름을 붙이고 수긍하기	감정 단어와 지지를 표하는 몸동작 사용하기
3단계	필요한 경우 행동의 한계 설정하기	아이에게 어떤 행동이 기대되는지 알려주기
4단계	아이와 함께 문제 해결	아이를 '위해(for)'가 아닌 아이와 '함께(with)' 문제 해결하기

CHAPTER 04

감정코칭의 효과적인 사용

곤란에 처해있거나 도전적인 행동을 보이는 아이들에 대한 우리 자신의 반응과 추론은 감정코칭에 영향을 미칠 가능성이 큽니다. 우리의 접근 방식(approach)은 자기 자신과 다른 사람들의 감정에 대한 알아차림을 반영하는 한편, 원하는 결과와 행동을 관리해야만 하는 '도구들'의 레퍼토리에 따라 우리의 유형(style)도 영향을 받습니다. 이 장에서는 감정적 반응, 대응 및 추론 사이의 관계와 감정코칭 연습을 지원하기 위해 이들을 어떻게 사용하는지 자세히 살펴볼 것입니다.

감정코칭을 해야 할 때와 하지 말아야 할 때를 나열하고 싶지만, 그것은 간단하지도 않고 도움이 되지도 않습니다. 무엇이 감정코칭이 아닌지는 확신할 수 있지만, 감정코칭이 적절하다거나 적절하지 않다고 추천하는 것은 잠정적일 뿐입니다. 감정코칭이 바로 그 순간에 아이의 필요에 대한 당신 자신의 알아차림과 평가에 크게 의존하기 때문입니다. 감정코칭을 언제 할지, 누구에게 적용할지, 각 단계에 얼마나 오래 시간을 할애하는지, 다음 단계로 언제 이동할지, 단계 순서를 결정하는 것은 바로 당신입니다. 맥락과 상황, 아이와의 관계, 발달 능력 등을 고려할 수 있는 것은 오직 당신만이 할 수 있으며, 당신만이 감정코칭을 할 수 있는 근거와 때를 알 수 있습니다.

따라서 이 장에서는 어른이 감정코칭에 기여하는 바에 주의를 기울이고 성찰해보시길 바랍니다. 교사 및 부모에 대한 연구에서 나온 감정코칭 실습에 대한 가장 빈번한 고려 사항과 주의 사항을 여러분과 공유합니다. 그럼으로써 당신이 언제 감정코칭을 사용할지 결정할 수 있기를 바랍니다.

감정과 행동에 대해 우리가 느끼는 것

감정과 행동에 대한 우리의 반응은 다음과 같은 저변의 생각과 느낌들을 드러냅니다:

- 아이의 느낌과 행동으로 생긴 우리 자신의 느낌을 관리할 수 있는 능력
- 느낌이 어떻게 표현되어야 마땅한지에 대한 우리의 가치와 신념
- 행동과 그 행동을 관리하는 방법에 대해 기저에 깔려 있는 자신의 가치와 신념

이들은 다음에 의해 영향을 받습니다:

- 감정적 행동에 대해 우리가 어떻게 느끼고 자신과 다른 사람에게 표현하는지
- 우리 자신의 느낌을 얼마나 신뢰하거나 믿는지
- 자신의 느낌을 어떻게 조절하는지
- 자신의 감정을 관리하는 데 얼마나 효과적인지

초감정 철학

가트맨 박사와 그의 동료들은 감정적 느낌과 행동을 설명하기 위해 초감

정(meta-emotion)이라는 어휘를 만들었습니다(Gottman et al., 1997). 초감정은 자신과 타인의 감정에 대한 반응, 응답 및 추론에 대한 지식을 뜻합니다. 구분될 수 있는 유형의 초감정이 있으며, 억압형, 축소전환형, 자유방임형 그리고 감정코칭형으로 분류됩니다(Gottman et al., 1997). 모든 사람의 초감정은 고유하며, 이를 개인의 **초감정 철학**(meta-emotion philosophy)이라고 합니다. 사람들마다 초감정 철학은 복잡하고 미묘한 차이가 있으며 경험과 시간이 쌓이면서 변합니다. 우리는 종종 자신의 초감정 철학을 인식하지 못하지만, 이는 처음에 생애초기의 원가족 및 주요 인물(significant others)과 마주치면서 형성됩니다.

어린 시절 경험을 통해 '내적작동모델'을 구축하게 되는데, 이것이 자신과 타인에 대한 정신적 표상이나 사건의 대본을 제공합니다. 내적작동모델의 아이디어는 애착이론(Bowlby, 1988)에서 나왔습니다. 애착이론에 대한 지속적인 연구에 따르면 배고픔처럼 순수한 신체적 욕구든, 사랑받고 싶은 심리적 욕구든, 상관없이 아기의 스트레스에 대한 양육자의 반응은 아기가 생활 속의 스트레스에 대처하는 방법을 배우는 데 직접적인 영향을 미칩니다.

우리는 내적작동모델로 환경을 예측하거나, 통제하거나, 다루고, 자신과 다른 사람의 행동과 동작을 해석하며, 상호작용을 이끌어나갈 수 있습니다. 따라서 우리의 초감정 철학이 내적작동모델과 밀접하게 조화되고 서로 영향을 받는다고 가정하는 것이 마땅합니다. 스루프(Sroufe, 1995), 포나기와 동료들(Fonagy and colleagues, 2004)은 모든 내적작동모델이 아이의 미래 관계와 정신건강에 기초가 된다고 주장했습니다. 어린 시절의 경험이 우리가 누구인지를 형성하는 데 중요하다고 생각되는 것은 당연합니다.

양육자로부터 일관되고 즉각적이며 조율된 돌봄을 받는 아기는 기억의 내적작동모델을 일상적인 상호작용과 경험을 긍정적으로 편향 분류할 가능성이 더 높습니다. 그들의 초감정 철학은 또한 감정과 감정적 행동에 대한 공감 반응, 응답 및 추론을 반영하고 반복할 가능성이 더 큽니다. 실제로 장기간 연구에 따르면 반응을 잘 해주는 양육자에게 자란 아이는 일반적으로 더 높은 자존감, 더 나은 정서적 자기-조절 및 더 많은 회복탄력성을 지니고 있습니다(Sroufe and Siegel, 2011). 반대로 일상적인 상호작용에서 일관되지 않고 부적절하거나 해로운 보살핌과 관심을 받는 아이는 미래의 상호작용에 대해 부정적인 편향을 갖고 행동할 가능성이 더 높습니다. 그들의 초감정 철학은 그들 자신과 다른 사람들의 감정을 의심하고 불신하며 감정 표현을 해석하고 반응하는 방법에 대한 자신감이 부족한 결과로 이어집니다.

하비거스트와 동료들(Havighurst and colleagues, 2009)은 아이의 생각, 감정 및 행동을 지도하는 어른을 통해 어떻게 감정코칭이 아이의 내적작동모델에 기여할 수 있는지를 애착이론과 명백히 연결지어 강조합니다. 감정 중심의 대화, 본질적으로 아이들이 존중받고 위로받음을 느낄 수 있게 하는 대화 기법을 사용함으로써 어른들은 아이들이 스트레스에 대처하는 적절한 전략을 사용하도록 가르칠 수 있습니다. 아이들은 다른 사람과 함께 성찰해 봄으로써 감정과 관계를 탐색할 수 있다고 느낍니다. 이것은 그들이 분노, 두려움, 불안을 도전적인 행동으로 투사하는 대신 안전하게 직면할 수 있게 해 줍니다. 감정코칭은 아이들이 사회적, 정서적 경험에 대한 내적 대화를 개발하고 행동을 조절하는 데 도움이 되는 초감정 철학을 개발할 수 있게 도와줍니다.

감정적 알아차림 증진하기

감정에 대한 자신의 반응, 응답 및 추론에 대한 알아차림을 높이는 것은 감정코칭 활용을 개발하는 데 중요합니다. 자신의 초감정 철학에 대한 인식은 혼자 감당하기 어려운 강한 감정을 경험할 수 있는 아이를 지지하는 데 필요한 통찰력과 더 큰 자신감을 줄 수 있습니다(Rose, Gilbert & McGuire-Snieckus, 2015; Gilbert, 2018; Gus, 2018a).

예를 들어 오랜 경력의 크리스 부교감선생님은 교직 첫해에 한 학생으로부터 위로해주려는 시도를 거부당한 결정적 사건을 회상합니다. 그는 이 사건이 감정의 위력과 모든 아이들과 진정한 관계를 구축하는 것의 중요성에 대한 인식을 높이는 데 얼마나 중요했는지 설명합니다:

> 우리 학교에는 행동 문제로 유명한 대릴이라는 아이가 있었는데, 담임교사로서 그 아이에게 반 학생들과 이야기하고 적절한 행동이나 말에 대해 상기시켜주는 것은 다반사였습니다. 하루는 일과가 끝나고 아이들이 교실을 나가기 위해 줄을 섰을 때였습니다. 사건이 발생했고 아이들이 교실을 나갈 때 대릴이 넘어졌습니다. 나의 첫 본능적 반응은 그에게 "네가 그런 행동을 하면 그런 일이 벌어질 거라고 말했지"라고 언성 높여 말하려는 것이었지만, 곧 그 아이가 창피해하고 실제로 다쳤다는 것을 깨닫고 아이에게 가까이 다가가 이렇게 말했습니다. "괜찮아? 어서, 일어나." 그러나 대릴은 더 화가 나서 "저리 가세요! 선생님은 관심도 없잖아요"라고 소리쳤습니다.
>
> 이것은 나의 예상과 완전히 정반대여서 충격을 받았습니다. 나는 관심을 주었죠. 나는 학급에 있는 모든 아이들에게 많은 관심을 기울였죠. 대릴은 일어나서 나를 보지도 않고 교실을 떠났고, 나는 그 아이가 정말 괜찮은지 확인하기 위해 따라 가지 않았습니다. 교실에 혼자 남은 나는 오해받고, 거부당하고, 상처받은 느낌이 들었습니다. 나는 교사로서 그 아이와 나 자신을 실망시켰다고 느꼈습니다. 학교를 마치고 대릴이

운동장을 가로질러 걸어가는 것을 보았을 때 어른으로서 이러한 감정을 경험하는 것이 얼마나 불쾌한지 생각했고, 대릴도 나에게 거부당하고 무시당하는 것처럼 느꼈을지 궁금했습니다. 우리의 관계는 상호적이거나 돌봐주는(nurturing) 것이 아니라, 신임 교사로서 대릴이 최적의 학습결과를 내고, 모두가 안전하게 지낼 수 있도록 하기 위해 필요한 것은 무엇이든 하고 싶은 나의 열망에 따라 움직였던 것입니다. 그러나 그럴 때 그 아이는 보살핌을 받는다거나 안전하다고 느끼지 않았으며 자기가 괴로워할 때 내가 진정시켜줄 만큼 그 아이로부터 신뢰받지 못했다는 증거를 보여줬습니다. 바로 나 자신이 나와 대릴과 그의 배움에 더 큰 어려움을 자초했다는 것을 깨달았습니다.

그 사건은 얼마나 나를 일깨워주었는지요! 이 사건은 내게 감정의 위력과 그것이 어떻게 행동에 영향을 미치는지 깨닫게 해 주었습니다. 그것은 내가 어른으로서 학생 모두를 한 명 한 명으로 돌보고 있다는 것을 보여줘야 할 필요성을 보여줬습니다. 더 나은 교사가 되려면 공감할 수 있는 관계가 필요했습니다. 대릴은 교사로서 지금의 나를 만들어준 아이였습니다.

좋든 싫든 우리 모두에게 감정이 있고 대부분의 감정들은 뭔가 달리 할 수 없을 정도로 우리를 불편하게 만든다는 사실을 받아들여야 한다는 것을 크리스 선생님은 깨달았습니다.

초감정 철학에 대해 생각하기

초감정 철학을 탐구할 때는 먼저 자신을 위한 시간을 마련해야 합니다. 관심을 갖는 것도 중요하지만 이 과정에서 자신에 대한 연민이 필요합니다. 비판적이기보다는 호기심을 가지고, 판단적이기보다는 개방적이어야 합니다.

초감정 철학을 탐구하기 위해 우선 가정과 직장, 개인 및 직업 생활에서 느끼는 감정을 떠올려 보십시오. 다음 영역에 대해 생각해 보십시오.

- 당신이 어렸을 때 감정은 어떻게 표현되고 수용되었습니까? 어떤 감정들은 다른 감정들보다 더 잘 수용되었나요?
- 당신은 어떤 경험을 했고, 그 경험으로부터 얻은 감정 메시지는 무엇이었나요?
- [어릴 때] 화를 내면 받아들여졌나요 아니면 벌을 받았나요? 당신의 부모님은 당신을 슬픔에서 벗어나도록 다른 것으로 주의를 돌리거나 뭔가 노력을 들였나요? 또는 당신이 기쁨을 함께 나눴나요?
- [요즘] 직장에서 감정에 반응하는 것과 마찬가지로 집에서도 같은 방식으로 감정에 반응합니까?

부모, 형제자매, 확대 가족, 친구 및 양육자로부터 받은 감정적 메시지를 확인함으로써 우리는 자신이 감정에 대해 어떻게 느끼는지를 이해하기 시작할 수 있습니다. 당신이 그들에게 어떻게 반응하는지, 그리고 당신 자신과 다른 사람들에게 그것들을 설명하거나 정당화하는 방법을 생각해봄으로써, 당신은 더 쉽게 알아차릴 수 있고, 자신의 초감정 철학을 더 많이 발견하게 될 것입니다. 그런 다음 이 통찰력을 사용하여 다른 사람들이 어떻게 느낄지 상상하고 진정한 공감에 기반하여 응답할 수 있습니다. 감정을 숙고하고 이름을 지은 다음 그 순간에 타인의 필요에 반응하는 것은 우리 자신의 (종종 무의식적인) 초감정 철학의 영향을 줄이는 데 도움이 될 수 있습니다. 이는 아이를 돕기 전에 어른이 '먼저 산소마스크를 써라'는 경우와 같은 뜻입니다.

여기에 초감정 철학을 탐구하고, 자기-조절을 위해 무엇을 하고, 자신을 진정시키는 데 도움이 되는지 생각하는 또 다른 방법이 있습니다. 다음의 예를 사용하거나, 원할 경우 최근에 화, 충격, 좌절, 당혹감, 슬픔… 또는 이 모든 것을 합친 듯한 강하고 어려운 감정을 경험한 사건을 생각해 보십시오.

예 : 아이가 놀이터에서 계속 놀고 싶은데 보모가 허락하지 않는다고 놀이터 한가운데에서 화를 내는 것을 보셨습니까? 이 상황 또는 본인의 사건과 결부하여 자문해 보십시오.

- 그럴 때 어떤 기분이 드나요? 그 느낌을 묘사하기 위하여 어떤 단어를 사용하시겠어요?(예 : 화난다, 충격적이다, 좌절스럽다, 당혹스럽다, 웃긴다, 끔찍하다, 조급하다, 짜증난다, 슬프다, 피곤하다 또는 이 단어들의 조합)?
- 실제로 몸에서 무슨 일이 일어나고, 몸 어디에서 이 감정을 느끼시나요?
- 당신에게 일어나는 일에 대해 어떻게 생각하시나요? 그런 감정들이 당신을 불편하고, 힘을 실어주고, 두렵고, 죄책감을 느끼고, 활력을 불어넣고, 당황하게 하고, 살아있다고 느끼게 하나요?
- 그 사건이 당신을 어린 시절로 데려가서 당신이 어떻게 대우받았고 그로 인해 기분이 어땠는지 기억나게 하나요?
- 감정 표현을 느끼고 바라보는 것이 경각심을 일으키고 불편한 느낌이 들게 하나요?

자기-조절 방법을 모르면 함께-조절을 할 수 없다는 것을 기억해야 합니다. 당신의 감정적 자아에 대해 아는 것, 어떤 상황이 당신을 '뚜껑이 열리게' 만드는지, 그것이 어떻게 느껴지는지, 무슨 일이 일어나는지, 그리고 무엇이 당신을 진정시키는 데 도움이 되는지 알아차리면 당신의 초감정 철학과 감정이 행동에 영향을 미치는 방식을 더 잘 이해할 수 있을 것입니다. 당신의 반응 방식이나, 슬프거나 화나거나 겁이 날 때에 대한 알아차림은 슬프거나 화나거나 겁에 질린 아이에게 당신이 반응하는 방식에 영향을 미칩니다.

다음 예는 한 교사가 자신의 초감정 철학이 공감적 연결을 달성하는 데 방해가 된다는 것을 알아차린 후 어떤 부모와 협력 관계를 발전시킬 수 있었던 방법을 보여줍니다.

젠 선생님은 규모가 큰 학교에서 성공한 지도 목사였습니다. 젠 선생님은 학업에 어려움을 겪고 점점 더 혼란스러워하는 앨리스라는 아이에 대해 걱정하고 있었습니다. 젠 선생님은 앨리스 아빠와 매주 전화 통화는 했지만, 본격적인 상의를 위하여 아빠를 학교로 방문하게 하지는 못하였습니다. 사실 젠 선생님은 앨리스 아빠에게 앨리스에 대한 걱정을 언급하려고만 하면 대화가 금세 대립각을 세웠기 때문에 전화 거는 것 자체가 겁나기 시작했습니다. 전화만 걸면 항상 아이 아빠는 학교가 아이에게 신경 쓰지 않는다고 선생님께 소리치며 전화를 탁 끊거나 아니면, 그의 무례함과 전혀 경청하지 않는 것에 너무 화가 나고 답답하여 결국 젠 선생님이 먼저 그 아빠에게 전화 끊자고 하고 그렇게 끊는 것이 다반사였습니다.

감정코칭 교육을 받은 후 젠 선생님은 자신의 초감정 철학과 전화 대화에 대한 자신의 생각이 무엇인지 시간을 들여 생각해 보았습니다. 선생님은 규칙과 존중이 자신에게 매우 중요하다는 것을 알았고 항상 그것이 통제를 유지하고 감정을 억제하는 데 도움이 된다는 것을 발견했습니다. 그녀는 감정에 대해 많이 생각할 필요가 없고 감정 표현에 무심한 것에 자부심을 가졌습니다. 어릴 때 존경심이 지위와 직결되는 군대 기지에서 성장한 영향에 대해 돌아보았습니다. 강한 감정을 내비추거나 표현하는 경우는 거의 없었으며, 조금 있다 하더라고, 행동주의적 전술을 사용하여 신속하게 처리했습니다. 그녀는 거의 도전을 받지 않았고, 도전은 인신공격으로 느껴져 자신의 지위를 이용해 이를 차단하고 권위를 되찾았다는 것을 깨달았습니다. 이러한 깨달음으로 인해 그녀는 앨리스의 아빠와 나눈 대화를 되돌아보게 되었고, 그녀의 접근 방식(무례함에 대한 그녀의 단어 선택과 그녀가 사용한 어조)이 상황을 제어하기보다는 차라리 더 자극제가 되었다는 것을 알게 되었죠.

이윽고 젠 선생님은 다음에 앨리스 아빠에게 전화를 걸 때 감정코칭을 사용하기로 결정했습니다. "항상 앨리스를 따돌리고 아이에게 기회를 주지 않는다"고 아이 아빠가 학교를 비난하기 시작했을 때, 젠 선생님은 즉시 학교의 행동을 변호하려고 하지 않았습니다. 젠 선생님은 아빠의 행동을 알려주는 강한 감정을 알아차리고 자신의 반응을 조절하여 더 나빠지기보다는 진정되는 연결을 만들기로 결정했습니다. 선생님은 잠시 멈추어 자신의 기분을 확인한 뒤, "아빠가 정말 화난 것을 알겠다"고 말하고, "자신의 딸이 학교에서 그렇게 따돌림 당한다고 여겨지면 진짜 화가 날 거예요."라고 했습니다. 아빠는 고함을 지르다 말고 잠시 멈추더니, 더 통제되고 더 차분한 어조로 "맞아요. 정말 화가 났어요."라고 말했습니다. 젠 선생님은 아빠가 얼마나 화가 "났는지" 이해한다고 말하면서 그를 안심시켰습니다. 그의 어조가 진정되었을 때 학교가 앨리스 가족을 따돌린다는 생각이 들었다면 미안하다고 사과하고 약간 엇갈린 부분도 함께 사과하면서 학교도 아빠처럼 앨리스를 돕고자 한다고 말했습니다. 전화 건 이유를 설명하고 학교는 앨리스를 위한 최선의 방법을 찾으려면 아빠의 협조가 필요하다고 설명했습니다. 아빠는 젠 선생님이 하는 말을 듣고 학교를 방문하여 앨리스가 정상 궤도에 오를 수 있도록 함께 계획을 세우는 데 동의했습니다.

둘이 만났을 때 젠 선생님은 이전에는 전화하기가 좀 두려웠다고 앨리스 아빠에게 말했습니다. 그는 놀라움과 부끄러움을 느끼며 자신이 그렇게 위협적이었는지 몰랐다고 사과했습니다. 그는 학교가 앨리스를 퇴학시키려 한다고 믿었기 때문에 명백한 부당함에 감정이 압도되었다고 설명했습니다. 그러나 최근 젠 선생님과 연락한 결과, 그는 학교에서 딸의 미래를 신경 써 준다는 사실을 믿을 수 있다고 느꼈습니다. 젠 선생님은 감정코칭 훈련을 받기 전에는 자신의 감정을 알아차리는 것이 얼마나 중요한지, 그리고 그러한 만남의 결과에 자신이 얼마나 기여하고 영향을 미칠 수 있는지 깨닫지 못했다고 느꼈습니다.

감정을 어떻게 관리하나요?

감정을 관리하는 방법은 여러 가지가 있지만 사람은 각양각색이기 때문에 모든 사람에게 맞는 전략은 없습니다. 어떤 것이 가장 효과적인 방법인지 시행착오와 모방과 반복을 통해 배워야 합니다.

다양한 감정의 강도를 관리하고, 자신을 진정시키며, 자기-조절하는 데 도움이 되는 도구 모음 상자(tool kit)에 들어 있는 도구를 사용하는 전략에 대해 잠시 생각해 보십시오. 낙서를 하거나, 창 밖을 응시하거나, 머릿속으로 물건을 세기 시작함으로써 스스로의 주의를 산만하게 합니까, 아니면 스트레스의 근원에서 물리적으로 멀어져서, 주먹을 쥐었다 폈다 하고, 발끝을 살짝 바닥에 치면서 호흡에 집중하나요? 아니면, 달리기, 친구들과 어울리기, 목욕하기, 음악 연주하기, 퍼즐 맞추기, 산책하기, 위안이 되는 뭔가를 먹거나 마시나요? 직장에 있을 때 감정을 다스리기 위해 무엇을 하나요?

마음이 진정되고 있음을 나타내는 정신적 징후와 신체 감각이 무엇인지, 그리고 진정이 어떤 느낌인지 생각해 보십시오. 감정이 당신을 어떻게 느끼게 하는지, 어떻게 반응하는지, 자기-조절을 위해 무엇을 하는지에 대한 인식을 높이면 감정에 대한 조율 연습을 할 수 있으며, 이는 또한 다른 사람들에게 동조하고 지지하는 데 도움이 됩니다. 초감정 철학을 탐구하는 데 보내는 시간은 감정코칭 기술에 도움이 될 것입니다. 진정시키는 전략에 대한 지식과 이해는 1, 2, 3단계를 지원하고 감정코칭의 문제해결 단계를 지원하는 데 점진적으로 사용할 수 있습니다.

일상생활에서 감정코칭 사용하기

이 장의 서두에서 말했듯이 우리는 '감정코칭을 해야 할 때와 하지 말아야 할 때'를 단정적으로 나누어 목록을 만들 수 없습니다. 그 대신 연구 결과와 지역 사회 및 교육 환경에서 일하는 실무자(교사들)의 지혜를 수집하여 여러분이 실천을 결정하고 안내하는 데 도움이 되는 일련의 통찰력을 제공하고자 합니다.

감정코칭을 사용할 때 다음 사항을 기억하는 것이 중요합니다:

- 감정코칭은 빠른 교정이나 모든 질병을 치료하는 만병 통치약이나, 특정 개입의 대체물 또는 요법이 아닙니다.
- 가트맨 박사와 동료들(1997)은 감정코칭이 부모가 처한 모든 상황에 적합한 것은 아님을 인식했으며, 지역 사회 및 교육 환경에서 우리의 연구가 이를 확증하고 있습니다. 아이와 어른의 안전이 보장되는 것이 무엇보다 중요하며, 안전은 결코 우리의 행동과 동작으로 인해 타협되어서는 안 된다는 것이 기정 사실입니다.

• 감정코칭이 적용되지 않을 수 있는 시간과 상황이 있으며, 감정코칭을 연습하다 보면 적절한 경우와 그렇지 않은 경우를 더 많이 알게 될 것입니다. 연구(Gottman et al., 1997; Rose, Gilbert & McGuire-Snieckus, 2015)에 따르면 감정코칭은 다음 나열된 것과 같은 특정 상황에서 때로 덜 효과적일 수 있습니다. 그러나 이 목록은 그러한 상황에서 감정코칭을 할 수 없음을 의미하는 것이 아니며 여러 가지 이유로 효과적으로 작동하지 않을 수 있다는 것입니다. 예를 들어, 나이가 많은 아이의 경우 또래 앞에서 감정코칭을 받는 것이 생산적이지 않을 수 있습니다. 그러나 제1장의 예에서 볼 수 있듯이 실제 감정코칭을 관찰하는 것이 아이들이 스스로 그것을 사용하기 시작하는 감정 사회화를 위한 효과적인 수단이 될 수 있다는 것도 알고 있습니다.

　감정코칭은 다음과 같은 경우에 덜 효과적일 수 있습니다.

○ 여러 명의 아이들이 관여될 때
○ 청중이 있을 때
○ 아이를 알지 못할 때
○ 접근 방식이 아이의 발달 능력에 맞지 않을 때
○ 심각한 정신건강 문제를 겪고 있는 부모와 함께 작업할 때
○ 당신이 불안하거나, 주의가 흩어지거나, 너무 피곤할 때
○ 시간에 쫓길 때
○ 아이가 가짜 감정으로 어른을 조종한다고 믿어질 때
○ 당신이 일관성 없이 사용할 때

• 나이가 몇 살이든 아이들은 공감하고 마음 써 주는 어른과의 정서적 유대를 갖고 싶은 욕구가 있습니다. 그러나 이것이 전달되는 방식과 요구 사항은 성장발달에 따라 달라집니다. 어떤 문제가 각 아이에게

중요할 수 있는지 예상할 수 있다는 것은 아이의 정서적 필요를 이해하는 데 도움이 됩니다. 한 교사는 우리에게 "십 대에게는 [감정코칭을] 사용할 수 없습니다."라고 말했지만 그것이 그분에게 효과가 없었던 이유는 그것을 사용하는 방식 때문이었습니다. 아이들이 별로 흥미없어 하는 문제 해결에 너무 빨리 뛰어들었던 거죠. 결국 그 교사는 아이들이 가장 원하는 것은, 캐츠와 동료들(Katz and colleagues, 2012)의 연구에서 알 수 있듯이, 공감과 수용이라는 것을 깨닫게 되었습니다.

- 어린 아이들은 사회적, 정서적 상호작용으로 인한 생리적 각성을 조절하는 법을 배워야 하므로 진정하는 방법을 연습하고 경험하기 위해 고조된 감정을 느낄 기회가 필요합니다(이러한 기회는 자연스럽게 발생합니다). 아이들은 함께-조절을 통해 스스로를 진정시키고 자기-조절하는 법을 배우기 때문에 어른들이 아이들의 기분을 예상하고 섬세하게 반응해주기를 원합니다. 아이들은 또한 극도로 감정이 고조되더라도 진정될 수 있음을 알아야 하며, 이 경우 감정적 신호를 해석하기 위해 특히 어른들에게 의존할 것입니다. 당신의 행동으로 아이의 감정적 생각과 감정에 대한 이해를 표현하고 보여줌으로써 아이가 스스로와 당신과의 관계에서 더 안정감을 느끼도록 도울 수 있다는 것을 기억하십시오.

- 두려움은 건강한 기능을 수행하는 자연스러운 감정이며, 아이는 탐색과 학습을 두려워해서는 안 되지만 적당히 신중할 필요가 있습니다. 세상은 위험한 곳일 수 있으며, 감정코칭은 아이들이 두려움에 대해 이야기하고 대처 전략을 개발하는 데 도움이 될 수 있습니다.

- 아동 중반기에는 인지 능력이 복잡해지며 지성과 논리를 통해 감정을 관리하는 방법을 배우기 시작합니다. 스스로 생각하면서 아이들은 자신의 가치관을 발달시키기 시작합니다. 남들과 잘 어울리고자 하는 욕

망에 의해 이끌릴 수 있고, 남과 어울리지 못하거나 다르게 보여질 만
한 것이라면 무엇이든 피하려는 경향이 있습니다. 특히 이 나이에 흔
한 위협 요인인 놀림과 따돌림을 피하고자 사회적 신호를 읽는 기술을
연마합니다. 대부분의 아이가 이런 기술을 개발하지만 부모나 보호자
로부터 감정코칭을 받은 아이는 어릴 때부터 그렇게 배웠기 때문에 가
장 효과적으로 습득합니다(Gottman et al., 1997). 사회적 신호를 이해
하는 데 더 많이 연습하고 적절하게 반응하고 자신의 감정을 조절하는
아이는 통제력 상실과 수치스러울 만한 상황을 피할 수 있는 기회가
더 많습니다.

- 감정코칭을 경험한 아이의 장점 중 하나는 사회적 기술이 다른 사람에
게도 전달(transferable)될 수 있고 청소년기까지 지속된다는 것입니다.
아이들 자신이 누구인지 정의하고 새로운 정체성과 현실을 실험하기
위해 더 개인적인 통제력을 갖기 시작하는 시기입니다. 십 대가 되면
아이들은 주변 사람들의 가치를 내면화하고 정서 지능이 가져다주는
혜택을 누리게 됩니다. 많은 십 대들은 무엇을 하거나 어떻게 문제를
해결해야 하는지에 대해 듣고 싶어 하지 않지만, 감정적 경험이 수용되
고, 수긍되며, 판단 없이 공감적으로 경청되기를 원합니다. 그들은 어
른들의 관심이나 명백한 공감이 단지 또 다른 훈계의 기회로 사용될런
지를 기막히게 잘 간파합니다. 십 대들에게는 자신의 선택이 중요하다
는 것을 확인하면서 적절하고 독립적인 결정을 내리는 데 자신감을 가
질 수 있도록 지지를 해줘야 합니다. 감정코칭을 경험한 아이는 친구와
잘 지내는 방법, 강한 감정을 다루는 방법, 위험을 관리하고 피하는 방
법, 인생의 기복에 대처할 수 있는 자신감을 갖는 방법을 알 수 있는 등
의 유용한 도구가 많이 있습니다. 그들에게는 회복탄력성이 있습니다.
- 어떤 행동이 허용되는지 결정하는 것은 어른이나 부모/보호자이기 때

문에 어른–자녀 관계는 민주주의가 아닙니다. 그러나 기노트(Ginott, 1972)가 조언한 것처럼 독재자가 되어서도 안 됩니다. 어른의 역할은 불안을 유발하거나 죄책감을 유발하는 것이 아니며, 권위자는 다른 사람에게 미치는 영향에 민감해야 합니다. 아이들은 일상생활을 거의 통제할 수 없기 때문에 선택을 하고 실천할 수 있도록 격려하고 권한을 느껴야 합니다.

- 오랜 습관을 바꾸고 감정코칭 관계를 발전시키는 데는 시간이 걸립니다. 당신은 아이를 알아가고 아이의 삶에서 중요한 사람, 장소, 사건에 대해 아는 것을 포함하여 아이의 감정 세계에 대한 정신적 지도(mental map)를 개발해야 합니다. 이러한 방식으로 의미 있는 대화를 시작하고 신뢰 관계를 발전시킬 수 있는 기반을 갖게 됩니다.

- 아이와 자신에게 개방적이고 정직하며 인내심을 가지십시오. 감정코칭의 목표는 당신의 행동과 말을 통해 아이의 정서적 고통에 관심을 갖고 공감한다는 것을 아이에게 보여주는 것입니다. 당신의 반응은 아이들이 평온함을 느끼도록 돕고 문제 해결을 위한 대화를 시작하는 것입니다.

- 생존의 긍정적이고 바람직한 초점은 사회참여를 통해 맞춰집니다. 우리 모두는 사랑, 안전, 지식 및 이해를 구하고 이에 반응합니다. 아이들은 애정을 표현하고, 사회적으로 성공하기를 원하며, 위험을 피하는 방법을 알고 싶어 하고, 자신들이 수용되기를 원합니다. 감정코칭은 이러한 자연스러운 선호를 사용하여 아이가 사회적 참여 체계를 향상시키는 기술을 경험하고 구축할 수 있도록 도와줍니다. 스트레스 반응 체계를 효과적으로 관리하고 학습, 건강 및 웰빙을 최적화하게 하면서 말이죠.

감정코칭 시작하기

우리는 사람들이 감정코칭을 사용하기 시작할 때 흔히 하는 질문과 문제점을 알게 되었고, 따라서 몇 가지 일반적인 팁을 알려 드립니다. 이는 북동부 영국 감정코칭 교육자들과 멘토들에 의해 개발되었으며, 지역사회 및 교육 환경에서 감정코칭을 사용한 경험에 기반을 두었습니다. 도움이 되시길 바랍니다.

누구한테 감정코칭을 해볼까요?

- 처음 시도는 가장 까다로운 관계에서는 하지 마십시오. '쉽게 성공할 수 있는 기회'와 많은 연습 기회를 스스로에게 주십시오. 기술을 연습하는 것은 필수입니다.
- 아무리 작은 것이라도 감정코칭의 성공 경험이 필요합니다. 그렇게 해야 자신감이 커지니까요. 연습하고 그 과정을 성찰해 보세요. 그러면 그것이 '삶의 방식'으로 되어갑니다.

콩 심은 데 콩 난다!

- 해보고, 연습하고 '틀려봐야' 합니다! '제2의 천성'이 되어야 합니다. 이 과정에서 중심은 자신을 포함하여 전체 상황을 성찰하는 어른입니다. 이 기술 자체는 시간과 많은 연습과 격려가 필요합니다.
- 아무리 경험이 많아도 겸손하고 자신에게 친절하십시오. 매번 '정확하게 이해'하거나 상황을 올바르게 해석하지는 못할 것입니다. 괜찮습니다. 인간이니까요. 아이와 청소년을 이해하고, '행간을 읽거나' 또는 '저변에 숨은 뜻을 이해'하는 데는 연민이 필요합니다. 그런 상황에서 어른인 당신에게도 자기 연민이 필요합니다.

이것은 '빠른 해결'이 아니라 연결을 구축하는 것입니다

- 감정코칭 프로세스는 프로세스일 뿐이며 즉각적인 솔루션을 찾는 것이 아닙니다. 이것은 우리가 아이와 함께 시작하는 여정입니다. 감정코칭은 기술이나 기교로 시작될 수 있지만, 최선책은 삶의 방식이 되는 것입니다.

- 감정코칭은 빨리 해결하는 것이 아니라 시간이 걸리고 모든 작은 단계가 중요합니다.

가능한 것을 하라

- 감정코칭의 모든 단계를 즉각 다 행할 필요는 없습니다. 하지만 1단계와 2단계는 관계 연결 및 정서적 함께−조절을 지원하는 데 기본입니다. 때로는 단계가 시간에 따라 분할될 수 있고, 때로는 어디까지만 진행하는 것이 가능하거나 적절할 수 있습니다. 상황과 아이에게 적절하게 적용해야 합니다. 이것은 당신의 아이를 잘 안다는 것을 뜻하며, 당신은 감정 조율에 대한 많은 관찰을 먼저 해야 할 수도 있습니다.

- 1단계와 2단계에 시간을 할애해야 하며, 3단계(안전 고려 사항이 없는 한) 또는 4단계로 너무 빨리 건너뛰지 마십시오. 이는 감정에 대해 가르치고 배울 기회를 잃게 될 수 있기 때문입니다. 아이와 연결하십시오.

- "아이가 스스로 배우거나 스스로 알아차릴 기회가 있었나요?"라고 자문해 보십시오.

- 당신이 하고 있는 것을 왜 하는지, 감정코칭이 무엇인지 기억하십시오. 메모를 읽고, 책을 읽고, 온라인 자원을 찾고, 원칙과 철학을 이해하십시오. 감정코칭은 행동 통제 수단이 아닙니다. 그것은 인간의 연결, 신뢰 및 관계를 강화하는 수단입니다. 감정코칭은 중요한 최신연구를 반영한 증거 기반 실습이며 명확한 구조를 가지고 있습니다.

- 감정코칭 기술을 키워나갈 때 기회를 놓치거나 단계를 벗어나는 것은 정상적입니다. 자신에게 친절하고 자신을 더 알아차리십시오.
- 프로세스에 매우 익숙해지면 감정코칭을 다양한 상황에 적용할 수 있습니다.
- 감정코칭을 일상적인 연습에 통합하는 것은 경험을 통해서, 그리고 시간이 지남에 따라 단계적으로 발생합니다. 교사는 감정을 알아차려야 합니다. 감정이 학습에 중요하다는 것을 받아들이고, 이를 자신의 전문 업무에 채택하고 적용할 기회를 가지며, 정책 및 문화에 통합함으로써 이를 유지하도록 지원할 필요가 있습니다(그림 5.1 참조)(Gilbert, 2018).

다음 장에서는 참여적 감정코칭 모델(Gilbert, 2018)을 사용하여 어떻게 감정코칭을 실습 및 다양한 환경에 통합할 수 있는지 설명합니다.

CHAPTER 05

일상생활에 감정코칭 적용하기

만약 당신의 교실에 정서적으로 안정되지 않은 아이가 있거나 학교에 그런 아이들이 있다면 그 아이들은 잘 배울 수 있을까요? 아닐 것입니다. 머리에 온갖 잡동사니가 날아다니고, 너무 많은 분노로 차 있고, 너무 많은 불안이 있기 때문입니다. 그래서 우리는 그것을 알아차리고 빠르게 대처할 수 있어야 합니다. 저는 이 감정코칭이 그 일에 탁월하다고 생각합니다.

루스, 초등학교 교사

이 장에서 우리는 감정코칭 여정과 감정코칭이 당신의 실행에 어떻게 통합되는지 그 방법을 설명할 것입니다. 일상적인 교육과 공동체에 적용할 때 감정코칭을 사용한 실무자의 경험에 대한 연구를 기반으로 우리는 당신의 감정코칭 여정을 계획, 모니터링 및 평가하는 데 도움이 되는 유용한 도구로써 모델을 제공하고자 합니다.

비록 이 모델이 대체로 교사의 경험을 참조한다 하더라도 부모와 양육자에게도 똑같이 적용될 수 있습니다. 사실, 많은 교사가 부모이자 양육자이며, 비록 상황이 다를 수 있지만 감정코칭 여정은 유사한 경로를 공유하며 유사한 요인들이 진행을 돕거나 방해할 수 있습니다. 당신의 역할과 관계없이 감정코칭에서 기술과 자신감을 얻는 가장 좋은 방법은 그냥 자주 연습하고 다른 사람들과 경험을 공유해보는 것입니다.

감정코칭 여정

아이의 사회적, 정서적 학습과 긍정적인 관련이 있는 세 가지 요소가 있습니다. 그것은 고품격 신뢰관계를 포함하는 교실 환경, 정서적 사회화, 그리고 어른의 사회적, 정서적 능력(Jenning and Greenberg, 2009)입니다.

감정코칭은 아이의 감정 조절과 행동 사이의 연관성을 명확히 알려줄 뿐만 아니라 이를 위한 어른에게 필요한 지식과 기술도 구체적으로 알려줍니다. 감정코칭은 보편적(universal) 관계접근 방식으로서 행동하는 방법과 관계를 효과적으로 증진하는 방법에 대한 지침을 제공합니다. 감정코칭 실천이 [학교나 집] 환경 전체에서 다른 어른도 같이 사용할 때 정서적 환경과 의사소통 환경은 차분함을 유지하고, 신뢰와 학습을 촉진하고 유지합니다. 그렇게 되면 이는 모든 아이의 사회적, 정서적 학습에 긍정적으로 기여하게 되는 것입니다.

감정코칭이 지역사회 및 교육 환경에 제공하는 것

감정코칭 모델을 자세히 살펴보기 전에 감정코칭이 어른과 아이 및 환경에서 제공하는 것이 무엇인지 간략하게 상기시켜 드리겠습니다.

- 감정코칭은 교사와 부모를 위한 간단하고 적응 가능한 도구입니다.
- 모든 아이의 행동을 돕기 위해 지역사회 전반에 걸쳐 일관된 접근 방식을 생성하는 데 사용할 수 있습니다.
- 감정코칭은 아이의 행동적 자기 관리를 지원하는 공감적 반응과 사고 구조를 촉진하기 위한 모델을 제공합니다.
- 감정코칭은 제재와 보상의 전통적인 행동주의 원칙 대신, 교사들과 부모들을 지원하는 대안적인 관계 모델을 제공합니다.

- 감정코칭은 양육과 정서적 지원 관계를 촉진하는데, 이로써 회복탄력성과 지속 가능한 미래 증진을 위한 최상의 맥락을 제공할 수 있습니다(Gilbert, 2018, Rose et al., 2015, Gus et al., 2015).

감정코칭이 여러분의 실습의 일부가 되는 방법 : 감정코칭 여정의 시작

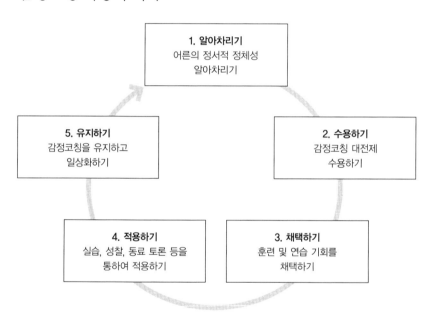

그림 5.1 참여적 감정코칭 모델(ⓒ GILBERT, 2018)

그림 5.1의 5단계 모델은 감정코칭 여정에 대한 교사들과의 인터뷰를 통해 알려졌습니다. 훈련 경험, 감정코칭 사용 빈도 및 과정(즉, 환경에서 감정코칭 사용)과 결과물(즉, 아이, 자신 및 다른 사람에게 일어난 결과)에 대한 반영에 대해 논의했습니다. 이는 원래 모델의 단순화된 버전입니다(Gilbert, 2018).

주기적이고 나사형으로 증진하는 이 모델은 모든 감정코칭 여정에 다섯 가지 주요 단계가 있으며, 각 단계에서 진행에 영향을 줄 수 있는 요소가 있음을 시사합니다. 여행을 하는 동안 누적된 감정코칭 경험은 다음 단계에 기여하고, 연쇄적인 영향을 미칩니다. 그러나 감정코칭이 완전히 통합되든, 일부만 또는 부수적으로 실천되든, 좋은 소식은 그것이 어른의 정서적 알아차림을 향상한다는 것입니다. 이러한 정서적 알아차림의 향상은 개인의 이해를 돕고 정보를 제공합니다. 결과적으로 "감정은 학습에 중요하다"는 감정코칭의 대전제에 대한 관심과 수용을 수정하여 실제로 감정코칭을 재검토하고 재고할 수 있는 더 많은 기회를 제공할 수 있습니다. 그렇게 다시 주기가 시작되고 그들의 감정코칭 여정은 계속됩니다.

이 모델을 염두에 두고 자신의 감정코칭 여정을 생각하면서 다음 단락에서는 각 단계를 자세히 살펴보겠습니다.

모델의 각 단계에서 무슨 일이 일어나고 있을까요?

1단계 : 알아차리기

알아차리기(aware)는 모든 감정코칭 여정의 시작점입니다. 어른이라면 누구나 감정에 대한 정체성을 지니는데, 이는 감정 알아차림에 영향을 미칩니다. 감정적 정체성(emotional identity)은 개인의 초감정 철학, 메타인지(meta-cognition), 개인적 자아와 직업적 자아 등입니다. 감정적 정체성의 구성 요소는 고정되어 있지 않고 나이가 들어감에 따라 진화하므로 감정적 정체성은 변할 수 있고, 변합니다(Gilbert, 2018).

제4장에서 언급했듯이 초감정 철학은 자신과 다른 사람의 감정에 대한 반응, 대응 및 추론을 나타냅니다(Gottman et al., 1997). 메타인지는 학습을 가장 잘 지원하고 모니터링하는 인지 과정에 대한 신념을 반영합니다.

마지막으로 우리가 개인이나 직업적 자아를 동일시하거나 혹은 별개로 보는지는 직장 생활에서의 관계를 포함하여 역할, 권리 및 책임에 대한 인식에 영향을 미치고 반응을 형성합니다. 또한 학칙에 명시된 전문 행동 강령은 아이와 학습에 대해 선호하는 교수법 유형과 창의적 접근 방식에 일조한다는 사실을 기억할 필요가 있습니다.

따라서 감정적 정체성은 중요한데, 이는 "감정은 학습에 중요하다"는 기본 감정코칭 대전제의 수용에 영향을 미치기 때문입니다. 또한 실행되는 감정코칭 훈련에 대한 태도, 참여, 열의에도 영향을 미치게 됩니다.

감정적 정체성은 스펙트럼에 놓여 있는 것으로 볼 수 있습니다.

- 스펙트럼의 한쪽 끝에는 "감정을 대부분 인정함"이 있습니다.
  - 예를 들어 감정과 행동에 대해 토의할 때 압둘은, "난 자동적으로 감정은 행동의 결과이거나 행동은 감정의 결과라고 생각합니다"라고 말했습니다.
- 스펙트럼의 다른 한쪽 끝에는 "감정을 대체로 인정하지 않음"이 있습니다.
  - 예를 들어 젠은 "하루 종일 감정에 대해서 푸념하지 마세요. 난 그런 종류의 사람이 아닙니다."라고 말했습니다.
- 중간 어디엔가는 "감정을 대체로 모름" 이 있습니다.
  - 예를 들어 마야는 혼잣말로 "우리가 상당히 개방적이고 배려적이라 해도, 실제로 우리가 감정에 대하여 많이 이야기하고 있는지 잘 모르겠어요"라고 말했습니다.

2단계 : 수용하기

수용하기(accept) 단계는 "감정은 학습에 중요하다"라는 감정코칭 대전제에 대한 반응에 초점을 맞추고 있습니다. 당신의 감정적 정체성은 이 진술을 받아들이는 수준에 영향을 미치고 어느 정도 감정코칭에 대한 개인의 관심과 노력의 지표가 되기도 합니다. 감정적 정체성과 감정코칭 대전제에 대한 수용의 조합은 교육자가 다음과 같이 분류될 수 있음을 의미합니다.

- 감정코칭에 수용적(감정을 대체로 인정함).
  - 예를 들어, 폴은 감정이 중요하며 "당신의 감정은 행동에 영향을 미치고, 당신의 행동을 이끌고, 감정과 행동이 함께 간다"고 믿었습니다.
- 감정코칭에 비수용적(감정을 대체로 인정하지 않음).
  - 예를 들어 프랜은 학교 공부를 지원하기 위해 학교가 규칙과 규제 중심이어야 한다고 생각했습니다. 그녀는 "나는 이를 훈육 대 감정으로 본다"고 요약했습니다.
- 감정코칭에 우유부단적(일반적으로 감정에 대해 모름).
  - 예를 들어 레니는 교육환경에서 감정의 역할을 생각해 본적이 없다고 다음과 같이 말했습니다. "음, 나는 감정에 특별한 목적이 있다고 생각해 본 적이 한 번도 없습니다."라고 말이죠.

3단계 : 채택하기

채택하기(adopt) 단계는 감정코칭 훈련 경험과 그 이후 '한번 해보기' 기회와 관련이 있습니다. 다음을 포함하여 많은 요인이 훈련 경험에 영향을 미칩니다:

- 감정코칭에 대한 개인의 관심 수준
- 혼자 배우고 선택한 자료를 따라 스스로 하는지, 아니면 그룹에 참여

하여 전문가의 지도를 따르는지에 대한 여부

- 감정코칭 훈련을 자발적으로 참여하는지, 강요된 것인지
- 과정 내용 및 전달 방식(예 : 자기 주도, 외부 강사 또는 교내 강사, 대화식 또는 강의, 관련 사례 연구, 동료 토론 및 활동, 배포된 자료 등)
- 시간표(예 : 지정되고 지켜진 교육 시간, 학교 또는 개인 시간, 전체 또는 일부 교육의 참석 정도, 교육 기간 및 시간 : 오전, 오후 또는 저녁)
- 선택한 교육 장소 및 위치(예 : 교내인가, 외부인가, 이동수단 연락망), 기타 참가자(예 : 전체 설정, 특정 역할별 또는 학년별 팀)
- 다과 제공 및 시설(예 : 커피 브레이크, 다과, 개인 지참, 식사/휴식 공간이 있는지)

이와 같은 요소들은 당신의 근무 환경에서 감정코칭을 하려는 동기와 이후 노력에 중요한 역할을 합니다.

감정코칭 훈련의 긍정적 경험은 감정, 행동, 관계에 대한 지식과 이해에 대한 더 큰 자신감으로 이어집니다. 이는 당신의 업무 환경에서 감정코칭을 시도하는 데 더 긍정적으로 느끼고, 동기부여에도 도움이 됩니다. 예를 들어 레이는 훈련 경험이 감정코칭에 대하여 우유부단했던 것에서 감정코칭에 전념하는 쪽으로 바뀌는 데 도움이 되었다고 밝히면서, "훈련이 도움되었습니다. 이전에는 거의 소 귀에 경 읽기였는데 지금은 그렇지 않습니다. 회의적이었는데 이제는 좀 더 긍정적으로 된 것 같습니다"라고 덧붙였습니다. 어떤 사람들은 감정코칭 훈련이 감정, 행동, 학습에 있어서 자신들이 항상 실천해 오던 전형적 방식이라고 보증합니다. 마리는 관계 기반을 실천했는데 동료들과 함께 감정코칭 훈련에 참석하면서, 지금까지 자신이 해온 일에 대해 "정당성이 거의 입증되었다고 느끼고, 지금까지 옳은 일을 해오고 있었구나"라고 생각했다고 합니다.

그러나 별로 만족할 만한 훈련 경험이 없었거나 감정코칭 대전제가 당신의 감정적 정체성에 반하는 것이라면, 감정코칭을 실천하려는 시도에 별로 열성이 없을 수도 있습니다. 예를 들어 탈리아의 경우 일일 교육 이벤트에는 보조 교사가 참석했지만 그다음 지원 감정코칭 워크숍에는 그 보조교사가 참석하지 않아서 그녀의 교육경험이 효과가 없었습니다. 이는 감정코칭을 시도하려는 그녀의 열정과 동기에 영향을 미쳤습니다. 그녀는 "당일 훈련에 참여하였을 때 너무 감동적이어서 감정코칭을 정말로 하고 싶은 생각이 들었어요. 하지만 지속적인 훈련이 되지 못했기 때문에 도중에 실패해 버렸어요"라고 말했습니다.

다른 사람들과 연습하고 같이 성찰해보는 기회를 많이 가지면 충분히 실천으로 옮겨볼 용기가 생깁니다. 예를 들어, 페니는 처음에는 자의식이 강했지만, 다른 사람과의 대화를 통해서, 그리고 동료들이 하는 것을 보니까 자신의 인내에 확신이 들었다고 합니다. "처음에는 각 단계를 외우려고 하면서 좀 생소했는데 이런 것을 사용하는 데 어떤 느낌이 드는지를 이야기 해보고 다음 단계로 진행하면서 참으로 유용하다는 것을 느꼈어요"라고 했습니다. 하나도 동의하면서, "서로 이야기를 하고 다른 사람들이 어떻게 대처했는지 들으면 '아, 그 상황은 나에게도 일어났고 나는 그렇게 하지 않았지', '아, 나도 그런 상황을 겪어봤지' 혹은 '나에게는 그런 일이 일어나지 않았지만, 이제 그런 일이 일어난다면 무엇을 해야 하는지 알겠어'"라고 말했습니다.

제인의 경우 감정코칭을 자주 사용하는 것이 숙련됨과 자신감을 키우는 열쇠라고 합니다. "감정코칭을 더 많이 사용할수록 실행하기가 더 쉬웠고 고민하고 생각하는 시간이 줄었어요. 이젠 그냥 저절로 감정코칭을 하게 되죠"라고 말합니다. 끝으로 써니는 특히 힘들어하던 이들에게 감정코칭에 대해 교직원으로서 함께 이야기할 수 있는 기회가 도움이 됐다고 하면서,

"스펙트럼의 정반대 편에 있는 사람들의 경우 감정코칭이 논의를 불러일으켜 감정코칭에 대하여 더 많이 생각하도록 하는 것 같아요"라고 합니다.

감정코칭을 연습하고 다른 사람들과 개념을 이야기하고 이해한 것들을 같이 나누는 활동의 이점에 대해 교사들이 자주 언급한 결과, 우리는 영국식 감정코칭 주문(만트라)을 만들었습니다. "잘하려면 연습이 필요합니다! (You need to practice to improve practice!)"

4단계 : 적용하기

감정적 사건 관리의 긍정적인 결과는 감정코칭 기술 기반을 더 넓히고 더 사용하도록 격려합니다. 그러면 특정 아이와 관련된 특정 사건에 적용되던 감정코칭은 그 적용 대상이 더욱 확대될 수 있습니다. 대부분 고무적인 결과와 함께 감정코칭을 사용하면 감정코칭을 적용하고(adapt) 다른 일상적인 관행과 통합할 수 있는 자신감이 높아집니다. 예를 들어 감정코칭은 레날이 이미 사용하고 있던 다른 접근 방식들을 보완했기 때문에 이를 합쳐 실전 레퍼토리를 향상시켰다고 했습니다. "우리는 그때 회복적인 대화를 하다가 감정코칭이 통했어요, 그건 내가 실행하고 생각하던 것과 절묘하게 맞아 떨어졌어요"라고 하면서 말이죠. 레날은 초등학교 교감이었고 특히 감정코칭이 유용했던 이유는 감정코칭의 적용력이라고 믿었습니다. 그녀는 감정코칭이 다양한 상황에서 다양한 방법으로 다양한 실무자들에 의해 성공적으로 사용될 수 있다고 믿었습니다. 이것이 중요한 이유가 "학교의 모든 사람들이 감정코칭을 사용하더라도 아이에게 무슨 일이 일어나고 있는지에 따라 다른 정도로 사용할 수 있습니다. 나는 여러분들이 각자 다르고 학급도 완전히 다르기 때문에 동일한 계획을 기대할 수 없다"고 생각합니다.

5단계 : 유지하기

유지하기(sustain) 단계는 일상생활 속에서 감정코칭을 생활화하는 것입니다. 특정 감정적 사건을 관리하기 위해 '한번 해보는 것'으로 선택 사용하든, 아니면 전체 실천 접근 방식을 알려주고 이게 '바로 당신이 하는 것'이되게 하든지 말이죠. 감정코칭 실습은 감정코칭 훈련 경험, 개인적인 노력및 실습의 조합 등을 반영합니다. 그러나 이를 유지하려면 관리자와 동료네트워크의 노력과 지원도 필요합니다.

실습에서 감정코칭을 정상화하고 유지하는 데 도움이 되는 요소들은 다음과 같습니다:

• 앞서 언급했듯이 감정코칭을 훈련하고 사용하는 다른 사람이 있으면 정말 도움이 됩니다. 우리의 연구는 훈련에 대한 '전체적 접근(whole-setting)'을 채택하는 것이 감정코칭을 실천적으로, 그리고 실제로 그 학교의 문화에 통합하고 정상화하는 데 도움이 된다는 것을 보여주었습니다. 샐리에게 있어 전체적인 교육을 받았다는 것은 감정코칭에 대하여 이해한 것과 수용한 것을 같이 나눌 수 있는 교직원들이 있다는 의미입니다. "그들도 모두 훈련을 받았기 때문에 전혀 모호하게 들리지 않고 일리가 있게 들리기 때문이죠"라고 말합니다. 앨리스는 감정코칭을 더 선호하는 환경적 접근 방식으로 명확하게 제시하기 때문에 전체 환경 교육이 중요하다"고 믿고 있습니다. "전체적 접근이 유용한 이유가 모든 면에서, 즉, 교사부터 보조교사, 영양사까지 모든 분들이 다 실행할 수 있기 때문에 아무도 못 하겠다던가 혹은 어떻게 하는지 모르겠다는 말을 할 필요가 없기 때문입니다." 리암은 전체 직원 교육이 모든 직원의 좀 더 일관된 반응을 기대할 수 있어서 아이들에게 도움이 된다고 제안했습니다. 신뢰할 수 있고 예측 가능한 응답은 아이

들이 규칙과 관계를 이해하고 학습에 에너지를 집중할 수 있도록 도와
준다고 합니다. "우리 모두 같은 페이지에 있지 않습니까? 일관성이
있는 거죠. 도움에도 일관성이 있고, 우리의 규칙과도 일관성이 있으
며, 아이의 감정과도 일관성이 있어서 행복한 아이로 되돌아가고, 재
미있는 학습으로 되돌아갈 수 있게 되는 거죠."

　전체 직장 교육 경험은 교육자에게 자신의 직장에 대한 '소속감'을
줄 수 있습니다. 예를 들어 보조교사인 지자는 모든 직원이 함께 교육
을 받았기 때문에 감정코칭 실습을 더 기꺼이 듣고 참여할 수 있다고
느꼈습니다. 우리는 함께 했기 때문에 서로의 말을 들을 수 있습니다.
만약 감정코칭을 보조교사들만 했다면 그렇게 크게 부각되지 않았
으리라고 생각합니다. 그 정도로 참여하지 않았을 테니까요"라고 합
니다.

- 직장에서 동료들의 감정코칭을 볼 기회는 당신의 자신감과 이해를 높
이고 교수법에 대한 동료와의 토론을 장려합니다. 다이애나는 전체 교
육 이후로 전문적인 실습에 대한 일반적인 토론이 있었고 교무실에서
실습 팁을 공유하려는 열정이 있었다고 말했습니다. "감정코칭은 학
교 전체의 일로 여겨지게 되었고 교직원으로서 우리는 이것에 대해 더
많은 이야기를 하고 있습니다." 댄은 전체 훈련을 통해 다양한 교수법
에 대해 더 큰 포용력을 갖게 되었다고 생각했습니다. 우리는 모두 감
정에 대해 이야기할 수 있게 되었습니다. 감정코칭은 우리 모두가 알
고 있기 때문에 감정의 관점에서 부모를 대하는 방법과 어려운 상황을
다루는 방법에 대해 이야기할 수 있죠."

- 감정코칭 지도 교사를 선정하는 것은 선정된 사람들이 직원 사후 훈련
에 중추적 역할을 하고 관심을 유지하는 데 도움을 줄 수 있음을 의미
합니다. 감정코칭을 직장의 의제로 유지하고, 동료의 역할 모델 및 동

기 부여 역할을 하며, 주어진 환경의 지속적인 교육 요구 사항을 조정하는 데 도움이 될 수 있습니다.

- 상급 관리 직원의 노력과 참여는 꾸준히 감정코칭을 실천하는 데 중요합니다. 규모가 큰 중학교 교감인 캐시 선생님은 성공적인 감정코칭 실습을 위해서는 관리자들이 적절한 자원을 제공하고 적극적으로 관여하고 참여해야 한다고 믿었습니다. "직원들과 새로운 일을 할 때 직원들이 감정코칭이 끝까지 유지되고 우리 모두 똑같은 일을 하고 있다는 것을 아는 것은 참으로 중요합니다"라고 말합니다. 관리 책임이 있는 교육자는 감정코칭 프로젝트의 시작부터 임원들이 함께 참여함으로써 입증되는 이점을 언급했습니다. "임원 및 고위직 직원에게 일단 교육하고 나니까 나머지 교사, 수퍼바이저, 보조교사에게 제공하기가 훨씬 수월해졌습니다."

- 해당 교실(또는 학교)의 인프라 구조와 문화를 대변하는 모든 정책과 절차는 감정코칭의 노력을 참고하도록 조정될 수 있습니다. 예를 들어 행동 '관리(management)' 정책을 행동 '조절(regulation)' 정책으로 수정한다든지, 타임아웃/벌 세우기 장치들을 감정조율을 지원하는 데 초점을 맞출 수 있도록 명칭을 달리 만든다든지, 모든 교직원을 위한 출석체크용 감정코칭 교육 프로그램을 개발한다든지, 직원회의의 일상적 회의주제로 감정코칭을 포함한다든지, 아이 지원 전문가 계획 및 전문 개발 감독에 감정코칭을 포함한다든지, 부모와 보호자에게 감정코칭을 공유하는 것들입니다.

1단계로 돌아가기 : 알아차리기

감정코칭 훈련 경험의 결과로 감정 알아차림이 향상되었습니다. 현재 감정코칭 여정은 감정과 학습에 대한 반응을 확인하거나, 알리거나, 도전할 수 있으며 그렇게 함으로써 감정적 정체성을 더 알맞게 수정(modify)할 수 있습니다. 따라서 감정코칭 경험 자체는 감정코칭 대전제를 검토할 추가 기회를 만들고 참여적 감정코칭 모델을 다시 시작하므로 감정코칭 여정을 계속할 수 있습니다.

감정코칭 여정의 한 예로서 중학교 교사이자 학년 부장인 피요나 선생님의 이야기를 들어보겠습니다. 감정코칭 대전제가 자신의 감정적 정체성에 도전했다는 것을 인정하면서 피요나 선생님은 감정코칭 여정을 '감정 억압형' 그리고 '감정코칭 거부형(unreceptive)'으로 시작했다고 믿었습니다. 그러나 이 접근법을 사용함으로써 피요나 선생님은 교사로서 더 잘 통솔하고 효능감을 갖게 되었고, 더 나은 결과와 아이들과의 참여를 만들었습니다. 선생님은 자신과 다른 사람들의 감정을 더 잘 알아차리게 되었고, 더 접근하기 쉽고, 더 좋은 교사가 되었다고 느꼈습니다:

피요나 선생님은 학교에서 감정코칭의 필요성에 회의적이었습니다. 학교가 학문적 학습을 우선시하기 위해 규칙 중심의 장소가 되어야 한다고 보았습니다. 그녀는 자신이 감정적으로 잘 알아차리고 감정이입을 잘한다고 믿고 있었지만, 감정코칭은 다소 '얼렁뚱땅'한 것처럼 보이고 불필요하다고 느꼈습니다. 그러나 학교는 감정코칭 훈련에 대해 전체적 접근 방식을 채택했습니다. 성찰하는 시간을 갖는 것은 그녀가 의사소통이 양방향이라는 것을 깨닫는 데 도움이 되었습니다. "진짜 어려운 상황은 감정코칭을 사용하지 않는 자신에 의해서, 즉 지치고 심술 난 자신에 의해서 발생한다는 것을 문득 생각하게 됩니다." 그녀는 감정코칭이 아이들에게 얼마나 성공적이었고 아이들과의 일상적인 관계를 개선하는 데 어떻게 도움이 되었는지 놀라워했습니다. 감정코칭은 "이전에는 내가 해보지 않았던 방식으로 아이들과 연결할 수 있게 해주었습니다." 긍정적인 효과를 보자 그녀는 감정코칭을 더 사용했고, 더 다양한 상황과 다양한 아이들과 부모에게 실천하였습니다. 교사로서 그녀는 이제 더 차분해지고 자신의 감정을 더 잘 통제할 수 있게 되었다고 믿습니다. "아이들이 그렇게 화내지 않고 답답해 하지 않으니까 나 또한 전처럼 화를 내지 않고 답답해 하지 않아요." 게다가 피요나 선생님은 "내 삶의 특정 감정을 인정하면서 내 생각을 표현하는 데 더 자기효능감을 느끼게 되었어요. 이것이 내게 새로운 것이죠." "올바르게 사용한다면 자신의 감정 상태에 대해서도 조금 더 배울 수 있다"는 것을 알아차렸습니다.

피요나 선생님은 본인의 사전-사후 훈련 연습을 성찰해 보면서 다음과 같이 말했습니다. "내가 처음 이 학교에 왔을 때, 학교 밖이든 어디든 특수한 상황에 있는 아이들과의 최종 목표는 내가 그들에게 원하는 것을 시키는 것이었죠. 그래서 교실로 다시 불러와 학습시키는 것이 나의 최종 게임이었습니다. 하지만 이제는 그게 나의 최우선 목표가 아닙니다. 지금 나의 최우선 목표는 그들을 진정시키고 그 순간에 아이들에게 실제로 최선의 것을 우리가 함께 살펴볼 수 있는 위치에 되돌리는 것입니다. 그래서 방정식에서 벗어나 실제로 아이들에게 최선인 것에 집중하게 하고 있습니다." 그녀의 실천은 이제 더욱 아이 중심이 되었습니다. "감정코칭은 아이들에게 학교에서 자신들을 이해하고 신뢰할 수 있는 사람이 있다는 느낌을 줍니다." 그녀는 자신이 감정코칭을 사용하는 방식이 바뀌었다는 것을 인식했습니다. "이전에는 내 교사생활 막바지에 있었기 때문에 그 밖에 다른 무엇을 해야 할지 몰랐습니다. 하지만 지금은 이것이 나의 첫 번째 기항지가 되었어요." 감정코칭은 이제 그녀의 일반적인 실천방식이 되었고, "나는 다양한 상황에서 그것을 유연하게 사용하지만, 그 기반은 훌륭하고 놀랍다고 생각합니다."

실습에서 감정코칭 사용하기 - 사용 범위

감정코칭은 가르치고 배우는 자연스러운 접근 방식일 수 있지만 그렇지 않은 경우에도 배울 수 있습니다. 헬렌에 따르면 "감정코칭을 느끼려면 어떤 유형의 사람이 되어야 하지만, 우리는 그런 유형의 사람으로 진화할 수 있다"고 말합니다. 감정코칭은 행동주의적 접근이라기보다는 단순히 관계적 접근이며 아이들'에게'(to) 한다기보다는 아이들과 '함께(with)'하는 작업입니다. 멜도 그러죠. "감정코칭은 아이들'에게' 하는 것이 아니라 아이들과 '함께'하는 것"이라구요.

그림 5.2는 감정코칭을 실제 상황에서 어떻게 사용하는지에 대해 교사들이 말한 것을 요약한 것입니다. 각 교사마다 감정코칭 사용 방법이 다르지만 하나의 연속체에 위치하는 것으로 볼 수 있습니다. 감정코칭 연속체

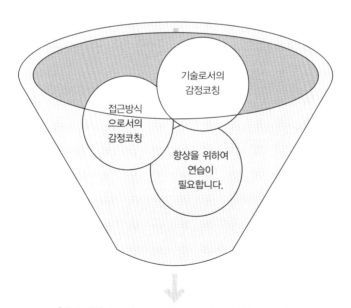

"감정코칭은 존재의 방식이며 존재가 되어가는 방식입니다"

그림 5.2 감정코칭의 사용범위

(Emotion Coaching Practice Continuum) 위의 한쪽 끝에서는 감정코칭이 하나의 '기법(a technique)'으로 사용되고 다른 한쪽 끝에서는 하나의 '접근법(an approach)'으로 사용됩니다(Gilbert, 2018).

감정코칭은 일상적인 연습에서 감정적 사건을 관리하는 기술일 뿐만 아니라 연습 및 환경에서 가르치고 배우는 것을 지탱해주는 접근 방식이 될 수 있습니다. 좀 더 자세히 살펴보겠습니다.

- 특정 감정적 사건을 관리하는 기술로서의 감정코칭. 점심 시간 감독 당번인 루스 선생님은 아이들이 놀이터에서 말다툼하는 것을 관리하기 위해 감정코칭을 사용했습니다. "단지 말 한 마디 바꾼 것만으로도 이룬 성과를 보면 참으로 놀랍습니다. 아이들에게 자신의 감정을 인식하게 하고 그것에 이름을 붙일 수 있도록 하는 것은 여전히 놀라울 따름입니다. 이는 당신이 할 수 있는 가장 효과적인 일이라고 생각합니다." 카라는 감정코칭을 하나의 단순하고 유연한 도구로 보았습니다. "그것은 아이들이나 어른들에게 똑같이 사용할 수 있는 의사소통 도구죠. 안 그런가요?"
- 접근 방식으로서의 감정코칭. 감정코칭은 필수적이며 교육 실행법을 알려줍니다(실제로 감정코칭은 항상 교육 실행에 정보를 제공해왔을 것입니다!). 빈번한 사용과 긍정적인 결과를 통해 감정코칭은 모든 아이의 학습을 지원하는 일상적인 교육 도구가 됩니다. 예를 들어 토야는 "감정코칭을 점점 더 많이 사용하면 할수록 더 많은 결과를 볼 수 있고, 교육과정에 더 많이 스며들 것입니다."라고 말했습니다. 롤라는 "그냥 그게 내가 하는 방식이에요… 감정코칭은 경청의 접근 방식이며, '난 권위자고 넌 아니야'라는 방식과 완전히 반대되는 것"이라고 믿습니다.

● 기술이자 접근방식으로서의 감정코칭. 감정코칭의 사용에는 당신의 경험과 필요가 반영되고 시간이 지남에 따라 바뀔 수 있습니다. 카리미는 자신의 감정코칭 여정에 대해 생각하면서 "감정코칭은 기술로 시작할지라도 정말 자연스러워지기 때문에, 당신의 자연스러운 접근 방식으로 발전되어갑니다."라고 믿습니다. 흥미롭게도 초보 교사에게나 처음 배우는 사람들에게 감정코칭은 처음에는 종종 특정한 감정적 사건을 관리하기 위한 연습 기법으로 사용되거나 더 익숙한 다른 방법이 실패했을 때 사용됩니다. 긍정적인 결과가 생기면 시간이 지남에 따라 감정코칭을 적용할지 말지에 대한 집중은 줄어들고 보다 일반화되며 자신감도 증가합니다.

우리는 "감정코칭은 존재의 방식(a way of being), 그리고 존재가 되어가는 방식(a way of becoming)이다"라는 문구를 만들었습니다. 감정적 정체성, 훈련 경험 및 주어진 환경이 감정코칭 실습에 영향을 주고받기 때문입니다. 전체적 접근 방식으로 감정코칭을 구현한 어느 영유아 기관 책임자는, "우리가 하는 일이 감정코칭입니다. 바로 우리의 존재 방식이죠."라고 짧게 요약했습니다.

그러나 감정 알아차림의 변화와 감정코칭이 당신의 일에 미치는 영향을 모니터링하기가 항상 쉬운 것은 아닙니다. 매기가 말했듯이 "감정코칭은 발전하기 때문에 눈치채지 못하시죠? 하지만 돌이켜 생각해보면, 알아볼 수 있습니다." 자신의 감정코칭 여정(어디서 시작했는지, 도중에 어떤 일이 있었는지, 현재 어디에 있는지)에 대해 생각할 시간을 갖는 것은 동료와 함께 성찰할 수 있는 기회와 마찬가지로 매우 소중합니다. 교사 훈련생인 데이비드는 "감정코칭은 점점 제 생활 방식이 되어가고 있지만 아직도 그것에 빠져들고 있고, 아직도 이해하는 중입니다"라고 말합니다.

감정코칭 여정에서 직면할 수 있는 문제

감정코칭을 하고 있거나 감정코칭이 처음인 경우 잠재적인 함정을 알아차리면 큰 도움이 됩니다. 감정코칭 여정에서 어려움을 겪을 수 있지만 이는 정상이며, 당신만 그런 게 아니고, 문제는 대부분 해결할 수 있습니다. 직면하게 될 가능한 어려움을 관리하는 방법을 논의하기 전에 제4장에서 언급했듯이 감정코칭이 모든 아이의 모든 문제에 대한 해답은 아니며 실제로 적절하지 않을 때도 있다는 것을 기억하는 것이 중요합니다. 그러나 감정코칭은 성공적인 증거 기반의 관계적 접근 방식으로 아이들이 감정을 관리하고 자기-조절 기술을 개발하도록 지원하는 데 도움이 됩니다(Gottman et al., 1997; Rose, Gilbert and McGuire-Snieckus, 2015; Gus et al., 2015).

이 장의 앞부분에서 논의한 참여적 감정코칭 모델은 감정코칭 여정을 안내하고 모니터링 하는 데 사용할 수 있는 유연한 도구입니다. 각 단계는 별개로 볼 수 있지만 각 단계의 진행 상황은 이전 단계의 결과로 알 수 있기 때문에 점진적이기도 합니다. 감정코칭의 채택, 적응 및 통합에 영향을 미치는 것은 당신이 누구인지, 교사로서 당신의 영향력과 감정코칭 여정 사이의 상호작용입니다.

감정코칭 실천을 지속하려면 다음이 필요합니다.

- 배우려는 의지와 채택하려는 노력
- 사용하고 성찰하고 적용할 시간
- 지속 가능한 모니터링

이제 잠재적인 문제를 자세히 알아보기 위해 각 항목을 간략히 살펴보겠습니다.

배우려는 의지와 채택하려는 노력

만약 당신이 '감정 억압형' 교사이거나 "감정은 학습에 중요하다"는 대전제를 받아들이지 않는 경우라면 감정코칭 훈련 경험은 도전이 될 수 있습니다. 루스는 일부 직원이 감정코칭에 완전히 참여함에서 오는 어려움을 토로했습니다. "때로는 사람들의 성격에 따라 달라지거나 혹은 자신들이나 감정에 대해 얼마나 편안하게 생각하는지에 따라 다른 것 같아요. 그래서 감정코칭에 쉽사리 동의하기가 힘들었어요." 네스타에 따르면 감정코칭 훈련에 자발적으로 참여하지 않는 교사들은 노력을 덜 하기 때문에 힘들어하고, 그것은 결국 감정코칭을 배우고 실습하는 데 그들의 참여를 감소시킨다고 생각했습니다. 네스타는 "일부 그런 사람들은 외워서 기계적으로 하지 마음으로 하지 않는다"고 믿습니다.

어떤 교사들은 학생들이나 자녀들에게 전문가로서 감정코칭을 사용했지만, 동료들에게 사용하는 것이 더 불편하다고 말했습니다. 그들은 감정코칭이 자녀를 관리하고 감정적으로 도전되는 상황을 관리하는 교육 도구로 도입되었다고 느꼈습니다. 따라서 동료들에게 사용하면 뒤에서 조종하거나 가르치려고 든다고 잘못 해석될 수 있어서 그렇다고 합니다. 초기 센터의 관리자인 케이틀린은 감정코칭이 자신의 환경 문화에서 지지적임을 알았지만 일부 교사들이 감정코칭 훈련을 개인적인 비판으로 받아들여 잠재적 갈등이 생길까 우려하였습니다. "교직원들을 교육하거나 혹은 수학 실력을 향상시키는 코스를 듣게 하는 것은 괜찮은데 "당신을 감정코칭 할 줄 아는 교사로 만들어 봅시다'라고 한다면 대부분 비난으로 받아들여, "난 괜찮은데 왜 내가 이것을 해야 하죠'라고 할 것 같아서, 필요한 과정이라 생각해도 좀 겁이 납니다."라고 우려를 표했습니다. 그녀는 감정코칭을 전체적 차원에서 전직원에게 교육을 하고 처음부터 명확하고 지속적인 관리 지원을 제공하여 두려움을 완화하는 것이 중요하다고 주장했습니다.

따라서 참석하는 사람에게 감정코칭은 감정적 정체성 및 감정코칭이 여정이지 목적지가 아니라는 것을 받아들일 필요가 있다는 것을 고려해야 한다고 합니다.

실행하고, 성찰하고, 적용할 시간

감정을 다루는 데 가장 자주 언급되는 장애물은 시간 빈곤감(time poor, 시간이 부족하다는 느낌)이었습니다. 토야는 자신이 "매일 시간이 충분하지 않고, 항상 해야 할 일이 많고, 사람들이 일을 하느라 너무 바빠서 내면에서 무슨 일이 일어나고 있는지 잊어버리기 때문에" 항상 감정을 간과해 왔다고 믿었습니다. 잭은 자신의 역할에 대해 끊임없이 늘어나는 상충적 요구들을 걱정했습니다. "어느 정도 이 아이들을 감정적으로 성장시켜 주는 것도 내가 해야 하는 일이 맞아요. 하지만 이 아이들에게 읽고 쓰고 더하고 빼는 것을 가르치는 것이 나의 주된 업무입니다."

통합을 효과적으로 지원하고 감정코칭을 유지하려면 경영진이 참여해야 하고 실무자에게 필요한 시간과 자원을 제공할 준비가 되어 있어야 합니다. "감정코칭은 정말 간단하고 명백해요. 하지만 그런 것들을 생각할 시간이 없을 때는 간단하고 명백한 것이 아니라는 거죠." 결과적으로 캐시는 감정코칭을 유지하기 위해 "다시 돌이켜보고 다시 이야기해야 하니, 아마도 학습 감독을 하는 튜터 팀에서 감정코칭에 주도적인 역할을 하면 좋을 것 같아요."라고 제안했습니다.

감정코칭은 아이와 상호 신뢰 관계 구축을 이루고, 그로부터 혜택도 얻습니다. 그러나 관계는 발전하는 데 시간이 걸리고 꽃피울 기회가 필요합니다. "당신은 언제든지 감정코칭을 할 수 있어요. 때로는 결실을 얻고 때로는 그렇지 못하죠. 당신과 아이들 사이에 형성된 관계에 따라 달라집니다. 아이들은 자신과 대화할 적절한 사람을 찾으려 하죠."라고 케이틀린이

언급한 것처럼 말이죠. 피요나는 "학교에 전혀 관심이 없는 아이들… 그리고 전혀 관심이 없기 때문에 내가 그들을 어떻게 생각할지에 대해서도 전혀 개의치 않는" 특정 아이들이 있음을 느꼈다고 인정했습니다.

네스타는 어떤 아이들은 가정 생활에서 적절한 삶의 기술을 배운 적이 없었기에 감정코칭에 반응하지 않는다고 믿었습니다. 우리는 감정코칭이 '만병통치약'이 아니라고 강조하지만 지속적인 사용을 정당화할 수 있는 많은 증거가 있습니다. 아이에게서 기대했던 반응을 처음에는 느끼지 못하거나 보지 못할 수도 있는 것이 사실입니다. 그러나 우리가 배운 것(제1장)을 이해하면, 아이들이 어른들에게 받는 지속적이고 공감적인 반응을 경험해보면 감정적 자기-조절을 지지하게 되고 시간이 지나면서 신뢰하는 어른-아이의 관계가 구축된다는 것을 알게 됩니다. 함께-조절을 통하여 아이는 자기-조절의 기술을 경험하고 모방하고 발전시킬 수 있습니다.

감정코칭을 유지하기 위한 모니터링

감정코칭과 같은 새로운 작업 방식이나 실습을 제안할 때 그것의 효과성을 측정할 수 있기를 원합니다. 따라서 계획과 모니터링이 필요합니다. 보편적이고 관계적인 접근 방식인 감정코칭은 학과목이 아니고 또한 특정 학년에 국한된 것이 아니므로 일상적인 측정을 사용하여 모니터링 하기가 더 어렵습니다. 초등학교 상담사 니키는 학교 환경에서 감정코칭 리더로 임명되었으며 "어떻게 효과적으로 관리하는지, 사람들이 사용하는지를 어떻게 확인할지, 사람들이 실제로 사용하지 않을 때 어떻게 해야 할지를 궁금해 했습니다. 토야는 "모두가 감정코칭을 알아야 하지만, 어떻게 적용하고, 어떻게 활용해야 되는지…. 여러 다양한 청중들에게 핵심 메시지를 어떻게 전달하는지"에 대해 질문을 하였습니다.

각 단계에는 결과에 영향을 미치는 특정 식별 가능한 요소가 있으므로 이 모델을 계획 및 평가 도구로 사용할 수 있습니다. 순차적 단계(알아차리고, 받아들이고, 채택하고, 적용하고, 유지하는)를 사용하여 효과적인 감정코칭 구현을 위한 전략적 계획을 구성할 수 있습니다. 일상적으로 수집된 기관 데이터를 감정코칭이 적용된 사건과 아이의 반응에 초점을 맞춘 사례연구와 결합하면 변화를 모니터링하고 행동 결과 개선을 살펴보는 결과 기반(outcome-based)의 평가를 제공할 수 있습니다. 요약하면 다음 표 5.1은 각 단계에서 고려해야 할 모델과 요인을 보여줍니다.

표 5.1 참여모델에 영향을 미치는 요소(© Gilbert, 2018)

감정코칭 사이클	감정코칭 단계	감정코칭 단계별 핵심	감정코칭 단계별 결과에 영향을 미치는 요인
	1. 알아 차리기	어른의 감정적 정체성	교사들은 감정코칭에 대한 관심의 정도에 영향을 미치는 서로 다른 '감정적 정체성'을 가지고 있습니다. 감정적 정체성은 다음 사항을 반영합니다: 우리 자신과 타인의 감정에 대한 반응과 추론을 포함한 감정 알아차림(즉, 초감정 철학); 학습과 사고체계(즉, 메타인지)에서 교육의 역할에 대한 신념; 교사나 한 개인(관계 포함)으로서의 감정적 역할, 권리, 책임에 대한 신념(관계 포함). 교사는 관심의 정도로 다음과 같이 설명할 수 있습니다: '대부분 감정을 인정함' '대부분 감정을 인정하지 않음' 또는 '일반적으로 감정을 모름'
	2. 수용 하기	감정코칭의 대전제	감정코칭 교육을 알리는 대전제는 "감정은 학습에 중요하다."입니다. 감정적 정체성의 결과 그리고 감정코칭 대전제에 대한 반응에 따라 교사는 '감정코칭 수용', '감정코칭 수용 불가' 또는 '감정코칭에 대하여 미결정'으로 분류할 수 있습니다.
	3. 채택 하기	감정코칭 훈련 개입과 감정코칭 실습	교사 교육 경험은 주로 긍정적이거나 혹은 주로 부정적으로 나타납니다. 감정코칭 실습의 효과는 모집일, 교육 경험(전달 및 내용), 협동하여 동기 부여를 할 수 있도록 교내 감정코칭 지도자 선정, 동료 간 지원 및 실습 기회 등이 반영됩니다.

표 5.1 참여모델에 영향을 미치는 요소(© Gilbert, 2018)(계속)

감정코칭 사이클	감정코칭 단계	감정코칭 단계별 핵심	감정코칭 단계별 결과에 영향을 미치는 요인
	4. 적용 하기	지속적인 감정코칭 연습과 성찰과 동료 토의	학교 단위에서 지속적인 연습; 정기적으로 동료들과의 성찰을 공유할 수 있는 기회; 지속적인 지원 및 비공식 교육; 효과적인 동료들의 역할 모델은 감정코칭을 일상적인 연습 레퍼토리에 적용하도록 지원합니다.
	5. 유지 하기	감정코칭의 유지	프로젝트 전반에 걸쳐 관리 참여 및 지원(시간 및 재정); 교내 감정코칭 지도자 선정; 지속적인 공식 및 비공식 교육 기회 제공(신규 직원 안내 패키지에 통합하는 등); 정책결정에 감정코칭 반영 혹은 통합; 기존 교내 데이터 지원 및 교직원 사례 연구를 사용하여 감정코칭 실습 평가; 학부모 및 보호자, 정책결정자, 동료 간 멘토링 프로젝트 등을 위한 감정코칭 교육 기회의 다양화

당신의 감정코칭 여정 : 당신은 지금 어디에 있나요?

우리는 동료들의 지지와 (그리고 대부분 긍정적인 결과를 얻는) 연습을 통해 감정코칭이 하나의 새롭고, 특정한 개입방식으로부터 다른 여러 영역에 적용할 수 있는 더 큰 것으로 옮겨간다는 것을 압니다. 어떤 교사들에게 그 변화가 작지만, 자신감은 커집니다. 또 어떤 교사들은 처음에는 감정코칭하기가 좀 조심스럽고 연습할 시간이 필요하지만 점점 자신감이 들면서 매일 일상 속에 더 많이 통합되게 됩니다. 일부 교사들은 자신의 감정적 정체성과 실행을 완전 탈바꿈을 하게 되는 경험이 되기도 합니다.

이 장을 읽고 나면, 그리고 다른 교사들과 이야기 나누고 나면, 당신도 자신의 감정코칭 여정에서 다른 단계에 도달했다는 것을 알게 될지도 모릅니다. 자, 당신은 지금 어디에 있나요? 다음 중 어딘가에 있을 것입니다:

- 아직 여정을 주저하고 있는 단계. 제스는 바로 그런 사람이었습니다. 그녀는 감정은 부모에게 맡기고 학교는 아이의 학업능력에 초점을 맞춰야 한다고 믿었기에, 감정코칭의 대전제인, "감정은 학습에 중요하다"를 받아들이기 어려워했습니다. 하지만 감정코칭 훈련 경험을 통해 이제는, "감정코칭이 효과 있다는 것은 알 수는 있지만 아직은 거의 다 어려워요… 감정코칭에 동의하지는 않지만 그렇다고 안 할 거라는 뜻은 아니에요… 감정코칭이 필요할 땐 마음 한 켠에 있는 것 같은데, 그래도 내가 사용할 도구 같지는 않아요." 흥미롭게도 제스는 엄마의 역할을 할 때는 감정코칭을 사용했고, 그 덕에 차분함을 유지하고 문제 해결을 더 빨리 했다고 덧붙였습니다.

- 이제 감정코칭 여정의 여행자가 되고 싶다는 것을 알아차린 단계. 베아는 감정에 대해 대체로 알지 못했고, 감정코칭 대전제에 대한 확신이 없는 편이라 감정코칭 여정의 시초에는 '감정코칭 미결정자'로 분류될 수 있었습니다. 그러나 감정코칭 훈련을 받고 실행해본 결과 아이들과 효과 있음에 놀라고 기뻤다고 회상합니다. 그럼으로써 감정코칭을 자꾸 더 사용하도록 고무되었고, "감정코칭이 진짜 제대로 작동하는 것을 보고 내 말을 취소해야 했어요. 이건 환상적이었습니다."

- 여행이 처음이지만 이제 잘 가고 있는 단계. 피요나는 처음에는 훈련 경험이 그녀의 전문적인 역할과 학습에서의 감정의 역할에 대한 이해에 도전이 된다고 생각했습니다. 그러나 감정코칭을 해보면서 감정, 행동 및 학습 간의 관계에 대한 이해가 달라지는 것을 발견했습니다. 이것은 그녀의 접근 방식과 아이들과의 관계에 반영되었습니다. "감정코칭은 처음에는 부드러운 접근 방식처럼 보이지만 모든 사람들이 이 접근 방식의 근본적인 목표가 아이들이 옳은 일을 하도록 하는 것이라는 점을 기억해야 한다고 생각합니다. 나는 잘못된 행동에는 결과가 따른다

는 말을 주저하지 않습니다—그래야만 하죠. 그러나 감정코칭은 아이들로 하여금 잘못을 인정할 수 있는 마음의 틀 안에 있게 해줍니다."

● 경험이 풍부하고 노련한 여행자 단계. 캐시는 자신의 감정코칭 훈련 경험이 그녀의 탄탄한 실천 접근 방식을 확인해주고 타당화 해주었다고 느꼈습니다. 감정코칭은 자신의 일반적인 연습 접근 방식을 성찰하고 '미세 조정' 할 수 있는 기회를 제공했습니다. 그녀는 "감정코칭은 내가 여태껏 해오던 일이고, 하는 일이야. 아직 내가 감정코칭을 모두 확실히 파악하는지는 모르겠지만, 그것에 대해 생각 중이고… 실제로 계속 그럴 것 같아"라고 언급했습니다."

실습에서 감정코칭을 사용하는 방법에 대한 자세한 정보와 지원은 제4장에서 교사들이 교사들을 위해 작성한 팁을 확인하십시오.

마지막으로 감정코칭에 대한 클로이의 말을 인용하겠습니다. "감정코칭은 알 수 없이 지껄여도 되는 한바탕의 말들이 아니고, 또한 잠시 반짝하다 사라지는 유행어도 아닙니다. 그렇게 되지도 않을뿐더러, 감정코칭은 학교에서 분명 큰 자리를 차지할 것이라 생각합니다!"

CHAPTER 06

지원 전략

이 장에서는 아이의 사회적, 정서적, 행동 발달을 지원하기 위해 사용해도 좋을, 혹은 이미 사용하고 있을 도구 및 전략과의 연결(links)을 알려드립니다. 여기에는 애착이론과 같은 감정코칭 접근 방식을 보완하거나 반영하는 이론적 프레임워크가 포함됩니다. 지원 전략은 감정코칭 사용을 향상시키고 아이 발달을 지원하는 다른 방법과 어떻게 어울리는지 확인하는 데 도움이 됩니다. 다른 이론과 전략에 대한 참조 설명은 감정코칭의 특정 단계와의 시너지 효과를 설명하기 위해 간략하게 요약됩니다. 이 연결들이 전부는 아니지만 우리 연구의 사례 연구에서 활용되거나 적용된 전략이나 이론들입니다.

진정시키는 전략 및 관련 이론과의 연결
(감정코칭의 1단계 및 2단계)

때때로 우리는 '뚜껑 열리고' 조절 장애가 있는 아이를 다루고 지원해야 합니다. 그들의 행동은 제1장에서 설명한 대로 스트레스 반응 체계에 의해 크게 좌우됩니다. 또한 제3장에서 보았듯이, 아이를 진정시키기 전에 많은 말을 하고 문제 해결에 관여하려는 시도는 별 효과가 없습니다.

아이가 느끼는 감정의 강도(종종 아이의 신체적 반응을 알아차림)에 맞추면 아이의 감정 상태를 달래고 진정시키는 데 도움이 될 활동을 정하는 데 도움이 될 수 있습니다. 목표는 아이가 충분히 진정하도록 지지해 줌으로써 언어적으로 연결할 수 있게 하는 것입니다. 함께-조절을 통해 아이가 뇌의 자율 부분을 진정시키도록 도울 수 있는 방법을 생각하는 것이 핵심이죠. 학교에서 감각통합, 자기-조절 및 애착이론을 기반으로, 점점 더 많은 진정 전략(calming strategies)이 사용됨에 따라 아이에 대한 지식은 아이가 선호하는 진정법을 알아차리는 데 유용합니다. 이들은 보다 전인적인(wholistic) 접근 방식을 취하며 신체를 진정시키고 '뚜껑'을 다시 덮도록 돕는 방법에 중점을 둡니다. 다음에 언급된 진정 전략은 여러분의 도구 키트에 추가할 수 있는 유용한 실용적인 도구이며 감정코칭의 언어 기반 도구와 함께 성공적으로 사용되었습니다.

신체적 진정 활동

아이에게 다음 활동들을 해보도록 합니다.

- 심호흡을 하게 합니다. 숨을 들이쉬는 것보다 더 오래 숨을 내쉬면 미주신경이 활성화하는데, 미주신경은 스트레스를 받은 감정 상태에서 몸을 진정시키는 데 관여합니다. 아이들에게 공기를 들이마실 때 배를 쭉 밀어내어 보라고 하십시오. 나이에 따라 아이가 이를 행할 수 있도록 도와줄 방법이 많이 있습니다. 예를 들어 어린 아이들의 경우 배 안에 풍선이 있다고 상상하게 해보세요. 때로는 아이들에게 자신들의 배 안에서 나비가 살며시 날개를 펼치는 모습을 상상하도록 하면 배를 쭉 내밀고 폐에 공간을 만들게 하고 그런 다음 나비가 천천히 날아 나오는 것처럼 상상하게 합니다. 이것은 스트레스를 받을 때마다 긴장하여

마치 배 안에 '나비'가 있는 것처럼 울렁증(메스꺼움)을 느끼는 아이들에게 특히 도움이 됩니다. 또한 아이에게 열 손가락에 있는 초를 하나씩 끄는 상상을 하게 하는 것이 더 차분한 호흡을 독려하는 유용한 방법이라는 것을 알게 되었습니다.

- 점진적 이완을 하게 합니다. 아이의 주의를 자신의 신체 상태로 옮기고 뭉친 근육을 이완함으로써 뇌의 자율적 부분이 더 이상 싸우거나/도망가는 신체 모드에 있을 필요가 없다는 것을 이해할 수 있도록 합니다. 볼 수 있는 것, 들을 수 있는 것, 만질 수 있는 것과 같은 신체적 감각에 집중하는 것이 도움이 될 수 있지만 성공 여부는 시작할 때 얼마나 진정되었나에 달려 있습니다.

- 아이에게 같이 걷거나, 뛰거나, 옆으로 흔들흔들, 앞뒤로 흔들흔들 해 보도록 합니다. 리드미컬하고 반복적인 움직임은 신경계를 안정시키는 데 도움이 되는 미주신경을 활성화할 수 있습니다. 밀고 당기는 활동은 또한 아이가 스트레스 반응으로 생성된 싸우거나/도망가는 행동 에너지를 발산하는 데 도움이 될 수 있습니다.

- 얼음 조각을 빨거나 빨대를 통해 물이나 요구르트를 빨아보게 합니다. 이러한 활동은 많은 아이를 진정시키는 빨기 반사를 활용하는 것입니다.

진정하는 공간

우리와 함께 작업했던 많은 학교와 학부모들 사이에서 '진정' 또는 '평화' 공간 마련하기가 점점 인기를 얻고 있습니다. 교실이나 가정에 지정 장소로 편안한 좌석과 손 장난감, 색칠공부 책, 소형 안마기, 비누방울, 향기 나는 병, 뽁뽁이, 만화경과 같은 다양한 감각 기반 재료들이 갖춰져 있습니다. 이는 아이들이 혼자서 혹은 선생님과 함께 진정할 수 있는 안전한 공간을 제공할 수 있도록 설계되었습니다. 제2장에서 우리는 '진정의자'에 앉아 화를 가라앉히는 세 살배기 아이에 대한 이야기를 들었습니다. 연구 팀은 그 아이가 스스로 진정시키는 데 사용할 수 있는 다른 감각물체들을 근처에 두었습니다. 아이는 마음에 드는 몇 가지를 금방 찾았습니다. 스퀴즈 볼, 드럼, 물렁물렁한 병 등을 골랐고, 주변에 있는 어른들이 달래주는 소리를 내고, 감정코칭을 하는 동안 마음을 진정시키는 데 도움이 되었습니다.

이들 활동들은 섕커(Shanker, 2016)의 연구를 기반으로 하며, 자기−조절에 대한 그의 작업은 이 책의 제1장에서 다룬 자료의 대부분을 반영하여 감정코칭과 매우 잘 맞습니다. 뇌와 신체의 스트레스 시스템이 작동하는 방식과 스트레스가 아이의 행동에 미치는 영향에 대한 연구를 하고 있고 자기−조절과 학습에서 상관관계의 중요성을 강조합니다. 아이들이 삶의 다양한 측면에서 서로 다른 스트레스 요인을 가질 수 있으며 각각이 스트레스 반응을 유발할 수 있다고 지적합니다. 이것은 어른이 '스트레스 탐정'이 되어 다양한 영역 안에서 아이와 함께−조절하여 각 스트레스 요인을 식별하고 관리하는 방법을 배우도록 돕습니다. 그 역시 아이가 고통받고 있을 때 인지적 사고를 할 준비가 되기 전에 '너무 메타인지적(meta-cognitive)'이 되는 것에 대해 경고합니다. 다시 말하지만 이 이론은 어른이 자기−조절을 배울 때 아이를 전인적으로 보도록 권장하는 감정코칭과 관련이 있습니다.

차분한 공간과 특히 호흡 운동에 대한 아이디어는 영국의 학교에서 점점 더 많이 사용되고 있는 마음챙김의 실천과 잘 연결됩니다. 카밧진(Kabat-Zinn, 2006)의 작업에 따르면 마음챙김에는 항상 마음챙김 호흡 운동이 포함되어 더 차분하고 통제력이 있다고 느낄 수 있다고 합니다. 어느 연구 프로젝트에서 한 교사는 감정코칭과 함께 학생들에게 다가오는 수학능력평가(SAT) 대비를 위하여 이를 소개했습니다. 그녀는 시험을 치는 동안 그 기술을 사용하는 아이들을 관찰했습니다. 그 후 아이들은 자신들의 감정을 알아차리기 위하여 감정코칭을 어떻게 사용하고 난해한 문제에 직면했을 때 스스로 진정하기 위하여 어떻게 마음챙김 호흡을 했는지 설명하였습니다. 이 장의 끝에서 이 아이디어를 다시 살펴보겠습니다.

감각 통합

감각 기반 재료 및 활동의 효과에 대한 연구 기반은 아직 덜 개발되었지만, 이 아이디어는 감각 통합에 대해 작업한 에이어(Ayres, 1972)와 같은 이론가들의 작업을 반영합니다. 감각 통합은 우리의 뇌와 신체가 감각 정보를 조직하는 방식과 감각 입력을 처리하고 통합하는 방식이 우리의 감정과 행동에 어떻게 영향을 미치는지에 대한 이해를 바탕으로 합니다. 이것은 감각 기반 재료들이 아이를 달래고 진정시키는 데 도움이 되는 이유를 이해하는 데 도움이 됩니다. 재료나 활동은 아이의 감각 및 스트레스 반응 체계와 함께 작동하여 신경계를 진정시키고 보다 편안하고 안정감을 느끼게 합니다. 이는 아이가 학습에 참여할 준비가 되어 더 효과적으로 기능하고 행동하도록 지원하는 최적의 각성과 조절 수준을 생성하는 데 도움이 됩니다(Lane et al., 2019).

우리의 자체 연구(Rose et al., 2019)는 감각 처리 장애가 있는 아이뿐만 아니라 모든 아이에게 스트레스 반응 체계를 진정시키는 데 어떻게 감각 재료가 중요한 역할을 하는지 보여주었습니다. 자폐스펙트럼의 한 아이의 경우 루빅 큐브 놀이가 불안을 진정시키는 데 도움이 되었고 감정코칭과 함께 그의 행동을 조절하는 데 유용한 대화에 참여할 수 있게 해주었습니다. 큐브의 예측 가능하고 리드미컬한 움직임과 시각적 자극이 안정감을 주는 데 도움이 된다고 생각했습니다. 우리 연구의 다른 몇 가지 예는 특히 아이가 진정하도록 돕기 위해 다양한 전략을 결합하는 것이 가장 효과적일 수 있음을 보여줍니다. 제3장에서 마리아 선생님은 샘과 함께 빨대로 찬물을 빨고, 뽁뽁이를 터트리고, 공을 쥐었다 폈다 하면서 진정되는 감각 활동을 사용했습니다. 마리아 선생님은 샘의 신체 상태에 세심한 주의를 기울였으며 샘의 예민하고 매우 흥분한 상태를 달래고 진정시키는 데 시간을 할애하는 것이 얼마나 좋은지 이해했습니다.

애착 기반 전문가의 개입

물리적 재료가 아이가 안전하다고 느끼는 데 도움이 되는 방식에 있어서는 아이들의 손자국이 난 석고 벽을 만든 초등학교에서도 볼 수 있습니다. 이것은 대박이었습니다. 스트레스를 받을 때 아이들은 자신의 손자국을 만들 때 벽을 밀면서 생기는 감각과 손이 [부드럽고 말랑한] 석고를 감싸면서 느끼는 기분이 진정 효과를 생성하는 데 도움이 되었습니다. 안전하다고 느끼는 이 개념은 제4장(Bowlby, 1988)에서 간략히 논의된 애착이론을 기반으로 합니다.

감정코칭은 훈련된 전문가들에 의해 진행되는 전문적 개입인 치료놀이 (Theraplay)®와 양육그룹(Nurture Groups)과 같은 애착이론 기반의 다른 전략을 보완할 수 있습니다. 치료놀이®는 부스와 전버그(Booth and Jernberg, 2010)에 의해 개발되었으며, 트라우마, 감정 조절 장애를 지원하는 데 사용됩니다. 양육그룹은 사회적, 정서적, 행동적 어려움이 있는 아이를 지원하는 데 중점을 둔 그룹 기반 개입입니다(Bennathan and Boxall, 1998).

우리의 연구에서 발췌한 것으로, 치료놀이, 양육그룹, 감정코칭을 함께 사용한 예시를 보시겠습니다. 이는 행동이 너무 도전적이어서 두 명의 보조 인원이 항상 상주해야 하는 8살 남자 아이를 지원하는 데 사용되었습니다:

애착기반 전략의 조합, 즉 일상적인 상호작용에서 사용되는 감정코칭
과 아이와의 목표 작업에 사용되는 전문가 개입은 의미심장한 효과가
있었습니다. 각 전략은 아이와 가족, 치료사에 의해 인용되었는데 이는
아이의 집중력을 늘이고 수업 참여를 증대시키는 동안 따로 떼어놓아
야 할 필요성을 없애는 데 한몫 하였습니다. 행동 개선의 결과로 그를
지원하기 위해 단 한 명의 보조 교사만이 필요했습니다. 감정코칭에 대
해 질문을 받으면, 아이는 "나는 선생님과 이야기할 수 있다고 느끼고
선생님은 잘 들어주시고, 그래서 내 뱃속의 화산 폭발을 멈추게 해요"
라고 말했습니다.

트라우마를 겪은 아이를 지원하기 위한 감정코칭의 사용은 신중하게 고
려되고 섬세하게 적용되어야 합니다. 그럼에도 불구하고 우리의 연구는 트
라우마를 경험한 아이에게 효과적으로 사용된 수많은 예를 보여주었습니
다(Rose, Gilbert and McGuire-Snieckus, 2015; Rose et al., 2017; Rose et al.,
2019). 예를 들어, 감정코칭 훈련을 받은 두 위탁 가정은 감정코칭이 그들
이 양육하는 아이들과의 관계를 어떻게 변화시켰는지 보고했습니다. 한 아
이는 세 살, 다른 아이는 열 네 살이었습니다. 둘 다 심각한 외상을 경험했
고 자기-조절 능력에 많은 어려움을 겪으며 잦은 갈등으로 이어졌습니다.
두 가족 모두 행동에 초점을 맞추는 것에서 아이들과 정서적으로 연결되는
것으로 바꾸기 시작했습니다. 그중 누가 말했듯이 "거의 즉시 차이가 났습
니다." 아이들과 의사소통하는 방식을 바꾸면 여러 가지 긍정적인 결과들
이 차례대로 발생됩니다. 행동개선과 더불어 위탁 부모님들은 물론이고 관
련된 모든 사람들의 웰빙까지도 포함해서 말이지요. 아이의 사회복지사가
위탁 배치의 발달을 문서화하기 위해 작성한 검토 보고서에는 각 아이의
변화에 "놀랐다"고 기록되어 있습니다.

다가올 감정적 도전에 대비시키기

감정코칭의 단계는 도전 가능성이 있는 사건이 발생하기 전에 예방적 방법으로 사용할 수 있습니다. 아이들 또는 학생 그룹이 앞으로의 상황을 어떻게 느낄지 예상하고 어른이 선제적으로 감정코칭을 사용하여 이에 대비시킵니다.

1. 아이들이 앞으로 있을 상황에서 무엇을 느낄지 예상해 보십시오.
2. 그러한 감정에 이름을 붙이고, 아마도 아이들이 예상할 수 있는 신체적 반응에 대해 언급하고, 그들이 왜 그렇게 느끼는지 이유를 설명하거나 생각해봅니다.
3. 아이들에게 행동에 대한 기대치를 상기시켜 주십시오.
4. 아이들이 적절한 전략을 찾도록 도와주세요.

예를 들어, 초등 2~3학년 교사인 댄 선생님은 특히 부모와 보호자가 초대된 모임 행사에서 자기 반 아이들이 매우 흥분해서 까분다는 사실을 알아차렸습니다.

행사 전날, 학급 아이들과 함께 "행사에서 너무 흥분하는 것 같고 특히 부모님들이 계시면 더욱 더 '과도하게 흥분'하는 것 같다"고 이야기 나누었습니다. 아이들이 매우 흥분할 때 자신들이 보이는 행동, 즉 말하고, 킥킥거리고, 웃어대고, 이리저리 팔을 흔들고, 그러다 실수로 다른 사람을 때리거나 치는 등의 행동들에 대해 이야기 나누었습니다. 선생님과 아이들은 이런 모습이 부모에게 어떻게 보일지 생각하고 이것이 과연 자신들이 이 중요한 모임에서 부모님들께 보여주고 싶은 모습인지 곰곰이 생각해 보게 하였습니다. 아이들은 지나치게 흥분한 자신을 발견했을 때 진정할 수 있는 일에 대한 아이디어를 떠올려 보았습니다. 선생님과 아이들은 조절 전략으로 심호흡을 정기적으로 연습했었기에 아이들은 이것이 모임 행사를 위한 실용적인 전략일 수 있다고 생각했습니다. 그래서 잠시 연습 시간을 가졌습니다. 선생님은 모임행사가 얼마나 잘 진행되었고 아이들이 얼마나 침착하고 통제력이 있었는지에 대해 기분 좋은 놀람이었다고 보고했습니다.

사회, 정서, 정신건강 전문 학교의 교장인 라이언 선생님은 수학 여행을 준비하면서, 여행 일정이 톰이라는 아이의 불안을 유발하고 좌절감을 주는 일정일 수 있음을 예상하였습니다.

라이언 교장선생님은 다음과 같이 말하며 톰이 여행에 대비할 수 있도록 준비시켰습니다. "톰아, 네가 보통 버스 맨 앞좌석을 좋아하는 걸 알고 있어. 하지만 이번에는 그렇게 안 될 것 같고, 앞에서 세 번째 줄에 앉아야 할 것 같아. 이것 때문에 짜증도 나고 화가 날 수도 있을 거야. 이전에 네가 이런 느낌을 받았을 때, 첫 줄에 앉아 다른 아이들을 밀어내려고 했잖아" 라이언 선생님은 특정 좌석을 선호하는 것이 좋지만 항상 그럴 수 있는 것이 아니며 이번에는 톰이 좋아하는 좌석에 앉을 수 없게 된 것을 설명했습니다. 교장 선생님과 톰은 아이가 상황에 대처하는 데 도움이 될 수 있는 방법을 논의했으며 톰이 자리에 앉았을 때 가장 좋아하는 음악을 듣는 것이 침착함을 유지하는 데 도움이 된다는 데 동의했습니다. 여행 당일 톰은 버스에서 사고 없이 자리에 앉아 갈 수 있었고 여행 내내 즐길 수 있었습니다.

여러 면에서 이러한 감정의 예상과 준비 개념은 '사회적 이야기(Social

Stories)'(Gray, 1995)와 유사합니다. 사회적 이야기는 특정 사건이나 활동에 대한 짧은 설명이 포함된 미니 북으로, 아이가 그 상황에서 무엇을 기대해야 하는지와 그 이유에 대한 구체적인 지침이나 정보를 이해할 수 있도록 도와줍니다. 이 선제적 감정코칭은 예상되는 감정을 예측하고 준비함으로써 이벤트의 감정적 내용을 보다 명확하게 만들어 아이들이 자신의 감정과 상황을 관리하는 방법을 '연습'할 수 있도록 합니다.

한계 설정 및 문제 해결 전략과의 연결 (감정코칭의 3단계 및 4단계)

4단계에서 보다 공식적인 문제 해결 프레임워크 또는 보완적 접근 방식의 범위가 감정코칭의 일부로 활용되었습니다. 다음에 나열한 리스트는 결코 전체 목록은 아닙니다. 처음에 상호조율된 연결이 핵심이며 문제해결은 그 이후에 하는 감정코칭의 일부임을 기억하시기를 바랍니다.

인지행동적(CB) 접근 방식

인지행동(CB) 유형 방법의 문제 해결 측면은 감정코칭과 깔끔하게 맞아 떨어집니다. CB 프레임워크는 제3장에 설명한 대로 솔루션에 동의하기 위해 아이디어를 탐색하고 공유하는 4단계에 대한 보다 구조화된 접근 방식으로 볼 수 있습니다.

아이는 특정 행동으로 무엇을 달성하려는 것인지, 그 목표를 달성하기 위해 무엇을 했고, 어떤 결과를 얻었는지 생각해 보도록 할 수 있습니다. 그런 다음 아이는 그 목표를 달성하기 위해 다른 옵션을 시도하고 생각해 내고 각 방법에 대한 결과가 무엇일까 생각해보도록 요청할 수 있습니다. 프렌즈(FRIENDS)라는 프로그램(Barrett, Lowry-Webster and Turner, 2000)

은 다음과 같은 유용한 문제 해결 모델을 사용합니다.

1. 문제가 무엇인가? 부적절한 행동에 대한 결과를 충분히 검토한 후, 그 행동으로 그 아이가 도달하려고 했던 목표가 무엇인지 알아내십시오.

2. 무엇을 할 수 있을까? 아이에게 문제에 대한 몇 가지 가능한 해결책을 찾도록 물어보십시오. 아이의 제안이 설사 실행 가능하지 않더라도 꺾지 마십시오.

3. 각 솔루션에 대해 발생할 수 있는 일을 나열하십시오. 공정한지, 효과가 있을지, 안전한지, "너는 느낌이 어때?" "다른 사람들은 느낌이 어떨까?" 등의 질문이 도움이 됩니다.

4. 최선의 해결책을 선택하십시오. 아이가 실행 불가능한 해결책을 생각해낸다 하더라도, 무해한 것이라면 그대로 진행해도 됩니다. 해결책이 작동하지 않는 것 같으면 솔루션을 재고하십시오. 당신은 아이 스스로가 해결책을 성취할 행동 계획을 세우도록 도와줄 수 있습니다.

5. 시도해보세요.

6. 효과가 있었나요? 무엇이 잘되었고 다음에는 무엇을 달리 해보시겠습니까?

해결 중심 접근법

드 셰이저(De Shazer, 1982)의 연구에서 비롯된 해결 중심 접근법은 학교 환경에 성공적으로 도입되었습니다(Kelly et al., 2o08). 감정코칭의 4단계의 일부로 잘 작동하며, 인지행동적(CB) 문제 해결 접근 방식의 대안으로 사용될 수 있습니다. 이는 때로 문제에 계속 집중하면 '잘못된 것'을 잘 아는 전문가는 될 수 있겠지만 '그것을 고치는 방법'을 잘 아는 전문가가 될 수는 없을지 모르기 때문입니다. 해결 중심 접근법은 이 문제를 인식하여 아이에게 잘 맞는 것과 과거에 잘한 것에 주목하지 고쳐야 할 문제에 초점을 두지 않습니다. 어른은 아이들이 혹시 이전에 유사한 상황에서 성공적이었던 경우를 떠올리고 선호하는 행동을 생각해 보도록 함으로써 아이가 더 나은 미래에 집중하도록 도울 수 있습니다. 그러면 아이는 이런 행동을 더 자주 하고, 바람직한 상태로 가는 경로를 따라 다음 단계를 시도해보도록 지지받을 수 있습니다.

해결 중심적인 방식으로 아이와 나누는 대화에는 다음과 같은 대화들이 포함될 수 있습니다.

- 화가 났을 때 정말 공격적이 되는 것을 어떻게 피할 수 있었어?
- 실수를 했을 때 완전 망칠 뻔한 걸 막은 것은 무엇이야?
- 화가 나지 않을 때를 말해줄래?
- 가장 기뻤던 때를 말해줄래?
- 최근에 더 나은 하루를 보냈다고 느낀 때는 언제야?
- 그날이 더 좋았던 이유는 무엇일까?
- 사람들이 너를 짜증나게 하는 말을 할 때 너는 어떻게 지금까지 침착하게 대처해 왔어?
- 네가 과학 과제를 마칠 수 있게 도운 건 뭘까?

척도(scaling) 질문과 그에 따른 후속 조치는 아이들이 지금까지 일어난 성공과 긍정적인 부분을 확인하는 데 도움이 될 수 있습니다.

- 1에서 10까지 숫자에서 10은 최상의 상태를 나타내고 1은 최악이라고 한다면, 너는 지금 어디에 있을까?
- (후속 질문) 5가 아니라 4인 이유는 뭘까?

회복적 대화

제3장에서 우리는 관계가 '깨지고' 무너졌을 때 상황을 개선하기 위해 아이에게 '보수 작업(화해 시도)의 필요성에 대해 논의'했습니다. 복구 대화는 갈등이나 피해가 있을 때 좋은 관계의 회복을 강조하는 회복적 실천의 구성요소입니다. 맥클러스키와 동료들(McCluskey and colleagues, 2008)은 교육적 맥락에서 사용하기 위해 이 접근 방식을 채택했으며 감정코칭의 4단계에서 회복 기반 문제 해결은 아이가 보수 작업을 향한 단계를 만드는 데 도움이 될 수 있습니다. 간단한 회복 대화는 다음 단계로 할 수 있습니다.

1. 무슨 일이 일어났니?
2. 누가 영향을 받았니?
3. 너는 무엇을 느꼈니? (이 단계에서 아이를 지원하기 위해 감정코칭을 사용해야 할 수도 있습니다.)
4. 관련된 다른 사람들은 어떤 느낌을 받았을까?
5. 우리가 어떻게 이 일을 바로잡을 수 있을까?

각 개인들의 복구적 대화를 받쳐주는 중요한 점은, 특히 보다 광범위한 면에서 회복적 실천에 참여하는 학교나 기관에게 있어서도 저변에 깔려 있는 핵심은, 아이가 자신이 느끼는 것과 다른 사람이 느끼는 것을 이해하는 능력이 전제되어야 한다는 것입니다. 이러한 기술이 없으면 아이는 회복적 대화에 성공적으로 참여할 수 없을 것입니다. 단계적인 디딤판(감정코칭의 4단계)을 통해 어른은 아이가 자신과 다른 사람의 감정을 이해하는 데 도움을 줄 수 있습니다.

조절 구역

조절 구역(zones of regulation)(Kuypers, 2011)은 네 가지 색상(파랑, 초록, 주황, 빨강)을 사용하여 학생들이 자신의 감정과 각성 수준을 식별하는 데 도움이 되는 틀이며, 감정 조절을 지원하는 전략을 제공합니다. 몸의 신호를 인지하고, 촉발요인을 감지하고, 사회적 맥락을 읽고, 자신의 행동이 주변 사람들에게 어떤 영향을 미치는지 고려하는 방법을 이해함으로써 학생들은 향상된 감정 조절, 감각 조절, 자기 인식 및 문제 해결 기술을 배웁니다.

한 학교는 교직원이 아이들에게 경험하고 있는 것과 왜 이런 일이 발생했으며 이에 대해 어떻게 할 수 있는지에 대해 이야기하도록 돕기 위해 조절구역의 색상을 감정코칭의 단계와 연결했습니다.

정서지능

정서지능(Goleman, 2007)은 자신의 감정을 알아차리고, 이해하고, 관리할 뿐만 아니라 다른 사람의 감정을 인식하고, 이해하고, 영향을 미치는 능력을 말합니다. 정서적 문해력도 이와 유사하게 묘사되어왔습니다. 이것이 어떻게 감정코칭과 관련이 있는지는 분명하게 나타납니다. 영국의 많은 학교에서 감정 문해력 활동을 해왔습니다. 예를 들어 감정에 대하여 이야기 나누는 서클 타임, 걱정을 '게시'하는 걱정 괴물, 자존심과 자존감 개발에 중점을 둔 워크시트, 다양한 감정 상태를 인식하도록 하는 활동, 감정 관리를 위한 촉발요인과 전략을 다루는 활동이 있습니다. 성찰을 독려하는 워크시트와 같은 문해 활동 말이죠. 이 모든 것은 감정코칭의 사용과 잘 맞습니다.

좋은 점에 주목하고 강화하기

제1장에서는 우리 모두가 타고난 기본 감정이 있고, 또 생존을 보장하기 위

해 진화한 어려운 감정을 경험하려는 내재된 편견이 있다고 언급했습니다. 결과적으로 우리는 사회적 참여 체계를 통해 배우는 것을 선호하지만 우리의 생존 본능은 부정적인 자극에 더 많은 관심을 기울이고 긍정적인 것보다 부정적인 상호작용이 더 강력하며, 나이에 상관없이 쉽게 경험할 수 있는 능력을 의미합니다. 우리는 일반적으로 쾌감보다 고통에서 더 빨리 배웁니다. 사람들은 이익을 얻기보다 동량의 손실을 피하기 위해 더 열심히 일합니다. 학습된 무력감은 없애기보다 만들기가 더 쉽습니다.

책의 앞부분에서도 신경가소성에 대해 논의했습니다. 신경가소성은 우리가 주의를 기울이는 것에 의해 자극을 받기 때문에 능숙하게 주의를 기울이는 것—즉 마음챙김의 본질—은 뇌를 형성하는 중요한 방법입니다. 정서 조절의 발달을 지원하기 위해 신경가소성을 사용하는 전략은 아이들이 긍정적인 것에 주의를 기울이도록 돕고 뇌가 긍정적인 경험에 섬세해지도록 하는 것입니다. 핸슨(Hanson, 2013)은 좋은 것에 집중할 수 있도록 HEAL이라는 약어를 만들었습니다.

1. (**Have**) 긍정적인 경험을 하십시오. 그것을 알아차리고 만들어 보십시오.
2. (**Enrich**) 지속 시간, 강도, 다양한 방식, 새로움, 자신에게 맞는 것 등을 통해 경험을 풍부하게 해보십시오.
3. (**Absorb**) 경험을 받아들이고 빠져들면서 자신에게 스며드는 느낌을 흡수하여 보십시오.
4. (**Link**) 긍정적인 경험과 부정적인 경험을 연결해 보십시오. (이는 옵션으로, 침착하고 안정감이 있을 때 화를 낸 경험에 대해 생각해 볼 수 있습니다).

우리는 아이들이 심호흡과 점진적 이완과 같은 주의전환 집중 활동에 참여하도록 도울 수 있으며 이러한 활동이 신체와 감정에 미치는 영향에 주의를 기울일 수 있습니다. 공유 일지와 같은 활동을 통해 아이들은 그날의 긍정적인 일에 주목할 수 있습니다. 아이들에게 감사하는 일을 적어보라고 하거나 다른 사람들을 위해 일할 기회를 주는 것은 아이들이 좋은 일에 더 주의를 기울이도록 도울 수 있는 모든 방법입니다. 이러한 것들은 정서적 조절을 지원하고 아이들이 긍정적인 친사회적 행동을 배울 수 있도록 합니다. 이 아이디어 중 많은 부분이 강점에 중점을 둔 생각, 감정, 행동과 관련된 긍정심리학(Seligman and Csikszentmihalyi, 2000)과 밀접하게 연결되어 있습니다.

결론

책의 끝부분에 도달했으므로 우리는 감정코칭이 우리 삶에서 감정이 수행하는 역할과, 스스로 조절하고, 긍정적인 행동을 촉진하며, 교실과 그 이상의 영역에서 우리의 회복탄력성과 웰빙에 기여할 수 있는 능력을 지원하는 데 중추적인 역할을 할 수 있는 방법을 상기시키고자 인용문을 남기겠습니다. "감정은 인간 사회 관계의 접착제이자 화약이다"(Oatley and Johnson-Laird, 2014, p.138). 감정코칭은 접착제를 더 강하게 만들고 화약의 폭발력을 줄여줍니다.

당신의 감정코칭 여정에 행운이 가득하기를 기원드립니다.

용어해설

조율(attunement) 아이의 필요에 맞춰 조율해가는 과정. 감정코칭에서는 아이가 느낄 수 있는 감정에 맞춰 조정하고, 아이가 보호받고 있다는 느낌과 안전함을 느끼는 데 중점을 둡니다. 고통의 순간에 어른과 아이 사이의 조화로운 관계는 아이의 마음에 영향을 미치고 구조화할 수 있으며 아이가 고통의 순간에 스스로 조절할 수 있게 하고, 조절 능력을 개발하고 미래에 사용할 기술을 습득할 수 있게 합니다.

행동주의적 접근(behavioral approach) 보상과 처벌과 같이 행동을 관리하는 데 사용되는 전략을 말합니다. 발달이 본질적으로 외부 자극의 결과라고 생각하고 긍정적 강화와 부정적 강화 기법으로 행동을 수정하는 데 중점을 둡니다.

함께-조절(co-regulation) 다른 사람이 아이의 감정과 행동을 조절하도록 돕기 위해 함께 작업하는 것을 포함합니다. 다른 사람들이 자신의 감정, 행동 및 생각을 이해하고 표현하고 조절할 수 있도록 지원, 코칭 및 모델링을 제공하는 따뜻하고 반응적인 상호작용이 포함됩니다. 감정코칭은 다른 사람이 아이가 진정하는 법을 배우도록 도와주고, 자신의 감정을 배우고, 어떻게 더 효과적으로 조절하여 자기-조절에 이르게 할 수 있는지에 대한 설명을 제공하는 단계적 디딤판처럼 작동하기 때문에 함께-조절 전략이라고 합니다.

억압형(disapproving style) 가트맨과 동료들(1997)에 의해 확인된 양육 유형 중 하나로, 공감 없이 지도만 많이 하는 양육 유형입니다. 억압형 부모는 아이의 감정을 무시하거나 묵살하는 경향이 있으며, 아이의 감정을 나약하거나 조작된 것이거나 비생산적인 것으로 보고 대신 처벌이나 다른 수단을 통해 해야 할 행동에 집중합니다. 감정적인 표현을 비판하거나 지적합니다.

축소전환형(dismissing style) 가트맨과 동료들(1997)에 의해 확인된 또 다른 양육 유형으로, 공감과 지도가 거의 혹은 전혀 포함되지 않습니다. 축소전환형 부모는 아이의 감정을 하찮거나 중요하지 않은 것으로 간주하여 무시하거나 최소화하는 경향이 있습니다. 아이의 감정상태를 연장시킬까 봐 감정에 관여하기보다 아이가 기분을 좋게 하기 위해 논리, 주의 전환 또는 보상에 의존하는 경향이 있습니다.

감정적 정체성(emotional identity) 감정적 정체성은 복합적인 것으로 어른의 초감정 철학, 메타인지, 개인 자아 및 직업적 자아의 조합을 반영합니다. 모든 사람은 감정에 대한 인식과 자신과 타인의 감정 수용을 반영하는 감정적 정체성을 가지고 있습니다. 감정적 정체성은 고정되어 있지 않으며 나이가 들면서 감정적 정체성은 변하고 변화가 가능합니다.

감정코칭(emotion coaching) 감정을 조절하는 데 어려움을 겪는 아이와 의사소통하여 감정과 행동을 조절하는 법을 배우도록 돕습니다. 아이들이 경험하는 다양한 감정들이 왜 발생하는지, 그리고 그것을 어떻게 다루는지를 이해하도록 돕는 방법입니다. 감정코칭은 행동 자체가 아니라 행동을 유발하는 감정에 주목하고 감정을 알아차리고, 공감하고, 확인하고 이름을 붙이며, 필요한 경우 행동에 한계를 설정하고, 보다 효과적인 조절 방법을 위한 문제 해결 솔루션을 포함합니다. 감정코칭의 용어는 가트맨과 그의 동료들(1997)이 부모가 아이의 감정에 반응하고 지원하는 방식을 반영하기 위하여 최초로 만들었습니다.

참여적 감정코칭 모델(emotion coaching model of engagement) 모든 감정코칭 여정(알아차리기, 수용하기, 채택하기, 적용하기, 지속하기)에 다섯 가지 주요 단계가 있음을 시사하는 증거 기반의 순환적이며 점진적인 모델입니다. 이러한 각 단계에는 진행에 영향을 미치고 다음 단계에 기여할 수 있는 요소가 있습니다. 이는 과정(즉, 환경에서 감정코칭 사용)과 결과(즉, 아이, 자신 및 타인을 위한 결과) 모두에 대해 논의한 감정코칭 실무자/어른과의 연구를 통해 알 수 있습니다. 원래 모델의 단순화된 버전입니다(Gilbert, 2018).

감정코칭의 대전제(emotion coaching premise) 감정코칭이 실행에 효과적으로 통합되기 위해서는 교육 환경에 있는 어른들이 "감정은 학습에 중요하다"는 대전제를 받아들일 필요가 있습니다.

감정코칭 수용(emotion coaching receptive) "감정은 학습에 중요하다."라는 감정코칭의 대전제를 받아들이는 것입니다. 감정적 정체성은 "감정을 대체로 인정함"으로 간주됩니다.

감정코칭형(emotion coaching style) 가트맨과 그의 동료들(1997)이 발견한 양육방식의 유형으로서 아이에 대한 가장 긍정적인 결과를 얻는 것으로 나타났습니다. 여기에는 공감과 지도를 모두 포함합니다. 모든 감정을 알아차리고, 수용하고, 수긍합니다. 감정적 표현을 경청하고, 공감하고, 이름 붙이고, 필요한 경우 한계에 대한 지침을 제공할 수 있는 기회로 여깁니다. 사회적으로 적절한 행동과 문제 해결 기술을 가르치고 아이들이 자기-조절을 배우도록 돕는 것입니다.

공감(empathy) 다른 사람의 감정을 이해하고 공유하는 능력. 감정코칭 용어로, 아이의 감정을 알아차리고, 이름을 붙이고, 수긍하는 능력을 포함합니다. 감정적 또는 정서적 공감은 정서적 연결을 통해 다른 사람의 감정을 공유할 수 있는 것입니다. 인지적 공감은 다른 사람이 어떻게 느끼고 생각하는지 이해하는 우리의 능력과 관련이 있습니다. 연민적 공감에는 다른 사람을 돕기 위해 행동을 취하려는 열망이 포함됩니다.

내적작동모델(internal working models) 양육자와의 초기 상호작용에 대한 저장된 기억이 있으며, 이는 믿음이나 기대의 궁극적인 '사건 대본'이 되고 아이나 다른 사람의 행동 및 동작에 대한 일반화된 해석 역할을 한다는 이론입니다. 이는 본질적으로 세상, 우리 자신, 타인을 이해하는 데 도움이 되는 정신적 표상이며, 따라서 다른 사람들과의 상호작용에 영향을 미칩니다.

자유방임형(laissez-faire style) 가트맨과 동료들(1997)에 의해 확인된 가장 덜 보편적인 양육 유형으로 공감은 있지만 지도는 없는 유형입니다. 자유방임적인 부모는 아이가 자신의 감정을 해소해야 한다고 믿으며 아이의 감정은 받아들이지만 한계 설정이나 문제 해결을 통해 아이를 통제하는 것을 돕지 않습니다.

정신화/마음 이해 과정(mentalizing/mind mindness) 조율 과정과는 구분되나 비슷한 용어. 둘 다 부모가 자녀를 자신의 생각과 감정이 있는 존재로서 대하는 방식을 나타냅니다. 그들은 적극적으로 아이가 자신의 생각을 가지고 있다는 것을 수용한 다음 아이의 필요, 욕구, 감정 및 관심을 이해하는 데 도움이 되도록 조정합니다.

초감정 철학(meta-emotion philosophy) 우리 자신과 타인의 감정에 대한 응답, 반응 및 추론에 대한 지식입니다. 초감정에는 구분 가능한 유형이 있지만 사람마다 초감정은 고유하며 초감정 철학이라고 부릅니다. 감정에 대한 인식, 아이의 감정에 대한 알아차리기 및 수용, 그리고 감정에 대해 아이를 코칭하는 방법에 영향을 미칩니다.

거울식 반영법(mirroring) 다른 사람을 보고 모방하면서 배우는 우리의 타고난 능력. 다른 사람들의 행동에 대한 우리의 이해를 지원하고 또한 그들의 의도를 해석하는 데 도움을 주는 신경회로망과 관련된 뇌 메커니즘을 가지고 있는 것으로 보입니다. 감정코칭을 따라하는 것이 그 영향에 중요한 역할을 하는 것으로 보입니다.

관계적 접근(relational approach) 존중, 연민 및 포용과 같은 핵심 가치를 구현하는 관계와 상호작용 방식을 통해 아이가 자신의 행동을 관리하는 방법을 배우도록 돕는 전략. 그러한 전략 중 하나는 감정코칭입니다. 관계적 접근은 인간 발달에서 관계가 수행하는 기본적인 역할과 그러한 발달이 전인적이라고 여깁니다. 긍정적인 행동을 하도록 함께-조절을 통해 아이가 자기-조절을 배우도록 돕는 데 그 초점이 있습니다.

자기-조절(self-regulation) 목표를 달성하고 학습에 참여하고 사회적으로 수용 가능한 방식으로 행동하고 좋은 관계를 유지할 수 있도록 스트레스 수준, 감정, 행동 및 주의를 관리하는 능력. 자기-조절 능력은 아이들이 주변 세계의 도전과 예측 불가능에도 불구하고 자신의 감정, 행동, 생각, 특히 파괴적이고 충동적인 것을 의식적으로 통제할 수 있도록 도와줍니다.

사회적 참여 체계(social engagement system) 포르게스(Porges, 2011)가 만든 용어로, 우리 생존 체계의 일부이며 우리의 생존을 돕기 위해 다른 사람들과 의사소통하고 연결하는 데 중점을 두는 뇌 속의 복잡한 시스템이며 우리 몸과 연결되어 있습니다. 포르게스에 따르면, 사회적 참여체계는 우리의 감정 및 행동 반응을 관리하기 위해 생존 시스템과 함께 작동한다고 합니다.

스트레스 반응 체계(stress response system) 우리 몸과 연결된 뇌의 복잡한 체계로서 우리를 보호하려는 생존 행동을 촉발하여 우리가 생존할 수 있도록 함께 작동하는 다양한 신경 연결, 기관 및 신경 화학 물질을 포함합니다. 그것은 주로 싸우거나, 도망가거나, 얼어붙는 반응으로 나타납니다.

미주신경 탄력성(vagal tone) (이 책에서) 사회에 적절하게 참여할 수 있도록 스트레스 반응을 조절하는 개인의 능력. 미주신경 탄력성은 부분적으로 유전적이지만 뇌 성숙과 환경적, 경험적, 관계적 경험을 반영하기도 합니다. 감정코칭은 양호한 미주신경 탄력성과 상관관계가 있습니다.

참고문헌

Ahmed, S. (2018) *Developing an Attachment Aware Behavior Regulation Policy: A Relationship Based Approach to Inclusion.* Brighton: Brighton and Hove Inclusion Support Service.

Ayres, A.J. (1972) *Sensory Integration and Learning Disorders.* Los Angeles, CA: Western Psychological Services.

Baron-Cohen, S. (2011) *The Science of Evil: On Empathy and the Origins of Cruelty.* London: Basic Books.

Barrett, P., Lowry-Webster, H. and Turner, C. (2000) *FRIENDS Program for Children: Participants Workbook.* Brisbane: Australian Academic Press.

Baumeister, R. and Vohs, K. (eds) (2004) *Handbook of Self-Regulation: Research, Theory, and Applications.* New York, NY: Guilford Press.

Bennathan, M. and Boxall, M. (1998) *The Boxall Profile Handbook for Teachers.* Maidstone: Association of Workers for Children with Emotional and Behavioural Difficulties.

Booth, P. and Jernberg, A. (2010) *Theraplay: Helping Parents and Children Build Better Relationships Through Attachment-Based Play.* San Francisco, CA: Jossey-Bass.

Bowlby, J. (1988) *A Secure Base: Parent-Child Attachment and Healthy Human Development.* London: Routledge.

Cozolino, L. (2014) *The Neuroscience of Human Relation*ships. New York, NY: Norton.

De Shazer, S. (1982) *Patterns of Brief Family Therapy: An Ecosystemic Approach.* Guildford: Guilford Press.

Duckworth, A.L. and Seligman, M.E. (2005) "Self-discipline outdoes IQ in predicting academic performance of adolescents." *Psychological Science*, 16(12), 939–944.

Durlak, J., Weissberg, R., Dymnicki, A., Taylor, R. and Schellinger, K. (2011) "The impact of enhancing students' social and emotional learning, a meta-analysis of school-based universal interventions." *Child Development*, 82(1), 405–432.

Ekman, P. (2016) "What scientists who study emotion agree about." *Perspectives on Psychological Sci*ence, 11(1), 31–34.

Feinstein, L. (2015) *Social and Emotional Learning: Skills for Life and Work*. London: Early Intervention Foundation.

Fonagy, P., Gergely, G., Jurist, E. and Target, M. (2004) *Affect Regulation, Mentalization and the Development of the Self*. London: Karnac.

Fonagy, P. and Target, M. (1998) "Mentalization and the changing aims of child psychoanalysis." *Psychoanalytic Dialogues*, 8(1), 87–114.

Gilbert, L. (2018) *Introducing Emotion Coaching into Primary, Secondary and Early Years Educational Settings: The Voice of Practitioners and Model of Engagement*. School of Science, Bath Spa University. Accessed on 17/10/2020 at http://researchspace.bathspa.ac.uk/11551.

Gilbert, L., Rose, J., Palmer, S. and Fuller, M. (2013) "Active engagement, emotional impact and changes in practice arising from a residential field trip." *International Journal of Early Years Education*, 21(1), 22–38.

Ginott, H. (1972) *Teacher and Child*. New York, NY: Avon Books.

Golding, K. (2015) "Connection before correction: Supporting parents to meet the challenges of parenting children who have been traumatised within their early parenting environments." *Children Australia*, 40(2), 152–159.

Goleman, D. (2007) *Emotional Intelligence: Why It Can Matter More Than IQ*. New York, NY: Bantam Books.

Gottman, J. and DeClaire, J. (1997) *Raising an Emotionally Intelligent Child: The Heart of Parenting*. New York, NY: Simon and Schuster Paperbacks.

Gottman, J., Katz, L. and Hooven, C. (1996) "Parental meta-emotion philosophy and the emotional life of families: Theoretical models and preliminary data." *Journal of Family Psychology*, 10(3), 243–268.

Gottman, J., Katz, L. and Hooven, C. (1997) *Meta-Emotion: How Families Communicate Emotionally*. New York, NY: Psychology Press.

Gray, C. (1995) *Social Stories and Comic Strip Conversations: Unique Methods to Improve Social Understanding*. Jenison, MI: Jenison Public Schools.

Gross, J. (2015) "Emotional regulation, current status and future prospects." *Psychological Inquiry*, 26, 1–26.

Gus, L. (2018a) *Supporting Adults to Develop Emotion Coaching in Schools*. Kingsbury Schools Together Emotion Coaching Training Project Evaluation Report.

Gus, L. (2018b) "Mental Health and Emotional Wellbeing in the Early Years." Keynote Speech, The Future of Early Years Conference, Salford, 2018.

Gus, L., Rose, J. and Gilbert, L. (2015) "Emotion Coaching: A universal strategy for supporting and promoting sustainable emotional and behavioral well-being." *Journal of Educational and Child Psychology*, 32(1), 31–41.

Gus, L., Rose, J., Gilbert, L. and Kilby, R. (2017) "The introduction of Emotion Coaching as a whole school approach in a primary specialist social emotional and mental health setting: Positive outcomes for all." *The Open Family Studies Journal*, 9, 95–110.

Gus, L. and Woods, F. (2017) "Emotion Coaching." In D. Colley and P. Cooper (eds) *Emotional Development and Attachment in the Classroom: Theory and Practice for Students and Teachers*. London: Jessica Kingsley Publishers.

Hanson, R. (2013) *Hardwiring Happiness: The Practical Science of Reshaping Your Brain-and Your Life*. New York, NY: Random House.

Havighurst, S., Wilson, K., Harley, A. and Prior, M. (2009) "Tuning in to kids: An emotion-focused parenting program-initial findings from a community trial." *Journal of Community Psychology*, 37(8), 1008–1023.

Immordino-Yang, H. and Damasio, A. (2007) "We feel therefore we learn. The relevance of affective and social neuroscience to education." *Mind, Brain and Education*, 1(1), 3–10.

Jenning, P. and Greenberg, M. (2009) "The prosocial classroom: Teacher social and emotional competence in relation to child and classroom outcomes." *Review of Educational Research*, 79(1), 491–525.

Kabat-Zinn, J. (2006) "Mindfulness-based interventions in context: Past, present, and future." *Clinical Psychology: Science and Practice*, 10, 144–156.

Katz, L.F., Maliken, A.C. and Stettler, N.M. (2012) "Parental metaemotion philosophy: A review of research and theoretical framework." *Child Development Perspectives*, 6(4), 417–422.

Kelly, M.S., Kim, J.S. and Franklin, C. (2008) *Solution Focused Brief Therapy in Schools: A 360 Degree View of Research and Practice*. Oxford: Oxford University Press.

Kuypers, L. (2011) *The Zones of Regulation*. San Jose, CA: Think Social Publishing.

Lane, S., Mailloux, Z., Schoen, S., Bundy, A. *et al.* (2019) "Neural foundations of Ayres Sensory Integration®." *Brian Sciences*, 9(7), 153.

LePage, J-F and Theoret, H. (2007) "The mirror neuron system: Grasping others' actions from birth?" *Developmental Science*, 10(5), 513–523.

Lieberman, M.D. (2013) *Social: Why our Brains are Wired to Connect*. Oxford: Oxford University Press.

McCluskey, G., Lloyd, G., Kane, J., Riddell, S., Stead, J. and Weedon, E. (2008) "Can restorative practices in schools make a difference?" *Educational Review*, 60(4), 405–417.

Meins, E., Fernyhough, C., Fradley, E. and Tuckey, M. (2001) "Rethinking maternal sensitivity: Mothers' comments on infants' mental processes predict security of attachment at 12 months." *Journal of Child Psychology and Psychiatry*, 42, 637–648.

Oatley, K. and Johnson-Laird, P. (2014) "Cognitive approaches to emotions." *Trends in Cognitive Sciences*, 18(3), 134–140.

Parker, R., Rose, J. and Gilbert, L. (2016) "Attachment Aware Schools – An Alternative to the Behaviorist Paradigm." In N. Noddings and H. Lees (eds) *The International Handbook of Alternative Education*. London: Palgrave.

Porges, S. (2011) *The Polyvagal Theory: Neurophysiological Foundations of Emotions, Attachment, Communication, and Self-Regulation*. New York, NY: Norton.

Porges, S. (2015) "Making the world safe for our children, down-regulating defence and up-regulating social engagement to optimize the human experience." *Children Australia*, 40(2), 114–123.

Porges, S. (2016) *Co-regulation*. Accessed on 17/10/2020 at https://www.relation-alimplicit.com.

Riley, P. (2010) *Attachment Theory and the Teacher-Pupil Relationship*. London: Routledge.

Rose, J., Gilbert, L., Gus, L., McGuire-Snieckus, R., McInnes, K. and Digby, R. (2017) "Attachment aware schools: Working with families to enhance parental engagement and home-school relationships." *Family Studies Journal*, 9, 160–171.

Rose, J., Gilbert, L. and Richards, V. (2015) *Health and Wellbeing in Early Childhood*. London: Sage.

Rose, J., McGuire-Snieckus, R. and Gilbert, L. (2015) "Emotion Coaching: A strategy for promoting behavioral self-regulation in children and young people in schools: A pilot study." *European Journal of Social and Behavioral Sciences*, 13, 1766–1790.

Rose, J., McGuire-Snieckus, R. and Gilbert, L. (2019) "Attachment aware schools: The impact of a targeted and collaborative intervention." *International Journal of Pastoral Care and Education*, 37(2), 162–184.

Schore, A. (2000) "Attachment and the regulation of the right brain." *Attachment and Human Development*, 2(1), 23–47.

Seligman, M. and Csikszentmihalyi, M. (2000) "Positive psychology: An introduction." *American Psychologist*, 55(1), 5–14.

Shanker, S. (2016) *Self-Reg: How to Help Your Child (And You) Break the Stress Cycle and Successfully Engage with Life*. London: Penguin Books.

Shonkoff, J. and Garner, A. (2012) "The lifelong effects of early childhood adversity and toxic stress, technical report." *American Academy of Pediatrics*. Accessed on 17/10/2020 at http://pediatrics.aappublications.org/content/pediatrics/early/2011/12/21/peds.2011-2663.full.pdf.

Siegel, D. (2012) *The Developing Mind: How Relationships and the Brain Interact to Shape Who We Are*. New York, NY: Guilford Press.

Siegel, D. and Payne Bryson, T. (2012) *The Whole-Brain Child*. London: Constable and Robinson.

Skinner, B.F. (1953) *Science and Human Behavior*. New York, NY: Macmillan.

Sroufe, A. (1995) *Emotional Development*. Cambridge: Cambridge University Press.

Sroufe, A. and Siegel, D. (2011) *The Verdict Is In: The Case for Attachment Theory*. Accessed on 17/10/2020 at http://www.fullyhuman.co.uk/wp-content/uploads/2020/05/Soufe_Siegel_Attachment-article-1.pdf.

Tronick, E. (1998) "Dyadically expanded states of consciousness and the process of therapeutic change." *Infant Mental Health Journal*, 19(3), 290–299.

Van der Kolk, B. (2014) *The Body Keeps the Score: Mind, Brain and Body in the Transformation of Trauma*. London: Penguin.

Winnicott, D.W. (1953) "Transitional objects and transitional phenomena: A study of the first not-me possession." *The International Journal of Psychoanalysis*, 34, 89–97.

찾아보기

지은이

루이즈 길버트(Louise Gilbert)

아동 건강 및 웰빙 강사였으며 현재는 지역사회 및 교육환경에 감정코칭 연구를 적용하는 데 도움을 주고 있다. 영국 감정코칭(Emotion Coaching UK)의 공동설립자이다.

리세트 거스(Licette Gus)

교육심리학자이며, 영국을 비롯한 전 세계 수많은 조직에서 심리학자이자 교사로 20년 이상 근무했다. 영국 감정코칭(Emotion Coaching UK)의 공동설립자이다.

재닛 로즈(Janet Rose)

놀런드 대학 학장이며 훈련된 교사이자 학자, 저학년 전문가로서 15년 동안 감정코칭을 연구했다. 영국 감정코칭(Emotion Coaching UK)의 공동설립자이다.

옮긴이

최성애

미국 시카고대학교 인간발달학 박사
전 미국 미시간공대 심리학과 교수
　(사)감정코칭협회 초대 회장
현 HD행복연구소 소장

독일 프랑크푸르트 국제 심리치료사
공인 가트맨 부부치료사 자격증
미국 하트매스 연구소 회복탄력성 마스터 트레이너

EBS 다큐프라임 〈교육이란 무엇인가: 우리 선생님이 달라졌어요〉, 〈마더 쇼크〉, KBS 최성애 박사의 〈가족 클리닉〉, MBC 스페셜 다큐멘터리 〈행복한 부부, 이혼하는 부부〉, SBS 〈위기의 부부〉 등 다수 출연

『내 아이를 위한 감정코칭』, 『최성애 박사의 행복수업』 외 다수 집필